SV

Friederike Mayröcker
# Das Herzzerreißende der Dinge

Suhrkamp

Erste Auflage 1985

Druck: Wagner GmbH, Nördlingen
Printed in Germany

# Das Herzzerreißende der Dinge

## *1. Amok in die Blumen*

ich kann mich verständigen, ich kann mich nicht verständigen, ich bin einmal da einmal dort, ich bin einmal mit ihm, ich bin einmal ohne ihn, ich gehe mit Goya um, ich gehe mit Dalí um, ich kann mich mit Goya verständigen, ich kann mich mit Dalí verständigen, mit Derrida sofort, undsofort, Leocadia, Gala, je nachdem. Dalís Gala war auch umgekehrt, solange sie am Leben war, jetzt ist sie selber Galas Dalí weil sie ein großes Geheimnis mit hinüber genommen hat, um es zu behüten und zu bemühen bis auch Dalí. Denn erst dann kann es gelüftet werden, das ist einfach zu verstehen, sie würden es dann gemeinsam hüten, sich wechselseitig damit beschenken, er neben ihr kauernd im Gehäuse des Grabkämmerchens undsoweiter.

Das Lesen von Biographien ist nicht immer aufschlußreich, selten reizvoll. Die Lust des Schreibens und die Lust des Gelesenwerdens sind zweierlei und überhaupt nicht deckungsgleich, es handelt sich dabei vielmehr um zwei ganz und gar gegensätzliche und auseinanderstrebende Komplexe, und weil bei ihrer Betrachtung alles zu klaffen beginnt, braucht es uns auch nicht zu wundern, daß wir von einem Schwindel erfaßt werden angesichts solcher Abgründe und Zerklüftungen, aber immer wieder, immer aufs neue wird das eine fürs andere genommen, und ausgegeben. Dem ist nicht so : beide stehen ganz für sich allein, oder haben im Grunde nichts miteinander, sie haben nichts miteinander zu tun, aber je mehr man sie miteinander in Verbindung zu bringen trachtet, desto schlimmeres Unheil wird angerichtet, bei diesen ebenso wie bei jenen : bei den Schreibern ebenso wie bei den Lesern. Wenn ich zum Beispiel die Erfahrungen meines Nachttischchens aufschreibe, wird mir kaum einer folgen wollen, wenn ich vor der Natur male, ist es *meine* Freiheit und wahrscheinlich niemandes anderen. Und dann will ich auch den Puls freibekommen, den Rist oben und unten, immer ins Freie gestreckt und gesteckt, oben und unten, *das ist keine besondere Freiheit nicht wahr*.

Je grundsätzlicher ich mich vom Publikumsgeschmack absetze, desto abstoßender wirke ich auf die Mehrzahl der Leser, desto verantwortlicher werde ich dafür, daß diese außer sich geraten, aber indem sie außer sich geraten, setzt sich andererseits etwas wie eine widersprüchliche Begierigkeit in ihnen fest, ich meine sie wollen dann weiterverfolgen was es gibt, kurz sie wollen mich verfolgen, sie sind mir auf der Spur, auf den Fersen, was wieder auf mich zurückwirkt. Weil sie schließlich etwas gutheißen, das ihnen überhaupt nicht gefällt und bekommt, es ist wie mit jenen Getränken die einem von Grund auf widerstehen, man gewöhnt sich schließlich daran, ja man flößt sie sich mit einem gewissen Vergnügen ein, vielleicht weil es zum guten Ton gehört. Soweit müßte es also folgerichtigerweise kommen, daß das Publikum wider seinen Willen zugreift und begreift, also ohne es zu wollen : das ist eine alte Geschichte und eine alte Erfahrung, aber wir erleben es immer aufs neue, das Abstoßende ist anziehend und umgekehrt. Ich kann mich freilich ganz unbelastet und friedfertig geben

und so tun, als gönnte ich jedem sein eigenstes Lesevergnügen, auf welche Art immer es zustande kommen möge, aber man geht in die Irre dabei, das Ungezügelte ist jederzeit vorzuziehen, ein Gewittersturm so heißt es.
Ich fühlte mich zum Beispiel in ein unbegreifliches Chaos gestürzt und am Ende; Halluzinationen der Ohrmuschel, im Waschbecken verfolgten mich, Repetitionen der Nachtwachen. Die Augen bleichen dann immer gleich aus, halonierter Text, nämlich wie Blumen wenn man sie zwischen dünne Buchseiten zwingt, neben den weißen Blumen in Nizza ein hellgelb glänzender Stern (Mimosen) im Zimmer, oder wie soll ich sagen. Ich habe eine Arglist von Hölle durchschritten, mußte Stunden und Tage in einer Hölle zubringen ohne die geringste Absolution, in einer beschämenden Selbstaufgabe und Seelenverlorenheit, in einer vernichtenden Stumpfheit der Sinne, Mülltonnenmentalität undsoweiter, in einer mich auf schrecklichste Weise umzingelnden Leere, es ist keine Zeit mehr, oder der Anlaß war abgebrannt, die Würfel waren gefallen, aber das Glück lag noch immer auf der Straße, schneerussisch : die Wortkürzel schrieb ich im Traum, ich hatte am frühen Morgen meine Proviantdose gepackt, die ich überall mitführe, um jederzeit vor einem plötzlichen mich bis zur Ohnmacht schwächenden Hungergefühl geschützt zu sein, mein Zimmerchenteiler ist ausgerückt, oder mein vorgestellter. Schluß damit fangen wir an. Jetzt bin ich für mich und allein und meine krausen Gedanken können sich frei entfalten, in Eile irgendwo in meinem Kopf, so kann ich endlich wieder lakonisch

sein, ich meine schweigsam am Morgen, so bin ich in Wirklichkeit wortkarg und nicht niemals zu gesellig-geschwätzigem Alltagszeug aufgelegt, dein jüngster Brief hilft mir am Leben zu bleiben. Überhaupt höre ich alles mit, was rundum geschieht, und höre es rascheln im rotierenden Vorjahrslaub, oder ich werfe Schatten : oder ich werfe keinen Schatten, sitze hoch oben, Mitternacht Schaumkronen undsoweiter. Die unteren Nachbarn, ihr Gelächter, ihre Gespräche, das hell tönende Durcheinander ihrer Stimmen : ihre Mehrstimmigkeit läßt mich erzittern. Also verfolge ich ihren Lärm, immer der gleiche Tenor an der Spitze, heldenhaft. Ruppige Heiterkeit, Grundstock Familienbasis. Wie früher, als ich mich nachts durch ihre Stimmen gestört fühlte, lasse ich wieder Flaschen sausen oder schwere Gegenstände gegen den Fußboden : ein Geister-, ein Quastenlärm, dann träumt mir jemand gegen die Eingangstür ich meine trommelt. Bei gleichbleibendem Redelärm von unten, ein Türenschlagen, jetzt keine Musik mehr, aber alle zusammenlaufend, fünf- oder mehrköpfig, aufgeregt etwas beredend, oder vielleicht ist ein Unglück geschehen, etwas rammt gegen die Bettstatt, der Fußboden bebt, es wird viel von mir die Rede sein. Davon bin ich aufgewacht, aus dem Schlaf gefahren, *so bin ich ausgefahren.* Hiesiger Taufklotz im Heim, hiesiger Wohnklotz, gegen Klötze gehauen, und scharf getrennte dann wieder wellenartig vermischte Farben und Düfte, schräg verschobener Blick, und atemverloren. Fluch diesem Durcheinanderschwirren von Stimmen . .

Der Traum. Das Tier, die Riesenschildkröte, nein

Gürteltier! : in weißes Linnen gehüllt, wie Säuglingsmontur : Wickelgewand, hat genäßt, mich durchnäßt, ein riesiger dunkler Fleck zeichnet sich auf meinem Kleid ab, Zopfspange eigentlich goldenes Netzdreieck, Haarknotenkörbchen : maulkorbartig den zarten Lippen des Kindes vorgeschnallt, und goldene Duschsachen; *und dann Liliputjugend –*

so wie meine angeräumte Wohnung über mir zusammenzustürzen droht jedenfalls erbärmlich, so drohen mir die ganzen Lebens- und Weltverhältnisse allmählich die Atemlust und -luft zu rauben, oder ich höre die Feuerbrigade ausrücken, anrücken, hoffentlich nicht bei uns!, schon flammt es im Nebenhaus, die lodernden Fackeln, schlingerndes Pferd, mit zitternden Händen bedecke ich mein Gesicht, meinen Schädel, hilf- und ratlos, *o Feuerlicht, Wassererbarmen!*, auf dem Rücken den kleinen Mantel, aber die übrigen Sachen muß ich zurücklassen.

»Er ist ja nicht du«, schreibst du, aber ich bin langsam wie eine Schnecke geworden, »mein Zwilling, mein Purpur«, schreibst du, aber ich will nur noch ruhen, die lieben Blumen, federnder Vogeltritt, schnürstiefelwippende Vögel in meinem Zimmer, einfach daliegen, schlafen, was mir das angenehmste ist zur Zeit, etwas wie eine Schwalbe sieben Uhr. Früher kam alles wie angeflogen ohne viel Umstände (Sträuben) etc.

Manchmal Versuche, mich zu narkotisieren, es kann ja sein, daß man auf eine Empfehlung, Erfahrung des anderen stößt die einen erschreckt, man wird dann mitgenommen als ob man in einem großen Wasser sei, so schwimmt man mit aber es ist ein schönes Element. Wo die großen Robbentiere sind, denen das

Wasser auch das große Element ist, wenn sie den Schiffen folgen, *das ist auch mein Ideal*, in solchem Kielwasser fahren ausfahren, *so bin ich bald ausgefahren* .. eine Art Luft nämlich zum Ziehen, zum Fahren, Ziegen-, Zigeunerluft, Ziehbrunnen, Wasser und Feuer, fast muß ich sterben das war mir vorbestimmt, aber ich lehne mich mächtig gegen den Tod auf : wie Leiris, wie Canetti. Ich sehe einen Vogelkopf in der Straße mit blutig gekrauster Kehle, kein Ton mehr!, ich sehe die abgetrennten roten Finger eines Gummihandschuhs in der Straße!, das betende Ohr!, die Fingerspitze von Tirol!, einen böse blickenden Mann mit schwerem Gepäck an den Händen, der mir entgegenkommt, einen Fluch ausstößt und mich, als wäre ich ihm im Weg gestanden, einfach zur Seite räumt, kein Erbarmen!

Einem Geysir gleich sprudelt es fortwährend aus mir heraus. Wenn man die große Straße verläßt und der Blick noch über Berge und Täler gehen kann : nur wenige wissen darum, *und man muß überhaupt in Wachsamkeit leben*, ich hatte mir früher, in meinen unschuldigen Jahren, Wahrheit durch Schönheit erfleht und erschrieben, jetzt Schönheit durch Wahrheit, aber du lieber Himmel ich möchte nicht wissen was ich alles falsch, unvollständig oder gar nicht gesehen habe . .

immer steht jemand (etwas?) zwischen uns, es polterte draußen die ganze Nacht, um vier dachte ich es sei Zeit aufzustehen, las aber dann lange in diesem Medienbuch (Margarete Held), konnte nicht aufhören .. machte mir Vorwürfe, ich sei nicht bedachtsam genug gewesen, ohne Gegenwünsche für dich Segens-

wünsche, weil irgendwie angebunden und angetakelt, was weiß ich, also ohne Muße frei umherzuschweifen, direkt geht das nämlich ins Blut, so ein SEHEN, DICHSEHEN IM TRAUM. Wenngleich manche Tränen-, nein Trennungsmale auch jetzt. Hinter einem tauben Apfelbaum : Laura, zwei Sterne über dem Namen, eigentlich Sternschnuppen. Das sind noch die grünen sprießenden Jahre die du jetzt lebst, rufe ich ihr zu, sie schaut mit überraschtem und liebem Blick .. während ich so katastrophisch leben muß, ich verderbe mir auch alles durch meinen dauernden Hang zu Introspektion, bin eingeengt, bin ein Störfaktor, in der Gemeinde, ausgeräuchertes Herz, meine stattliche Haut, eidesstattliche Fliespapierhaut was weiß ich, bei Sonnenaufgang zerknittert, sanft und zornigprophetisch zugleich, ich werde *parieren* : heißt unbedingt gehorchen oder sich wehren, eine höchste Eile irgendwo im Kopf, auf dem Rücken den kleinen Mantel, wie ein Friseur vor hockenden Kälbern, *»ich sah den Ochsen weinen«* ..
Freilich ist die Einschätzung von Wirklichkeit schwer, wenn es um Singuläres geht, noch schwerer und gänzlich unbestimmbar ist Zeitdauer und Wirkungsgrad von Kunst, für alles trage ich die Schuld. Ich habe Sonntag nicht gern, ich fürchte ich kann nicht anders im Augenblick, das ist es ja. Einundzwanzigster Erster, datierst du, das war ein Samstag, heute ist Sonntag, vierzehn Tage später, Sonntag ist schlechter als Samstag, ich habe Sonntag nicht gern, man kommt sich bloß und bloßgelegt vor auch bloßgestellt wenn man ahnungslos ich meine anhanglos geht, Samstag habe ich gerne, noch ein bißchen Wo-

chentag, Wiensein lege ich vorerst in eine Mappe, würde mich am liebsten dazulegen : eine Mappe ist flach, weich, es kommt immer etwas dazu und etwas weg, auch kann sich eine Mappe verlegen, herunterfallen, herausfallen, einfach liegen was mir das angenehmste scheint zur Zeit, ich meine Erinnerung, Grab mitten im Winter. M.S. habe wunderbare dunkle weiche Wimpern, ruft Laura, selten für einen Mann. Der Blick von M.S. habe ihr sehr gefallen, *der ruhige Blick nervöser Menschen*, und die anderen hatten eben keinen Blick, die schauten dahin und dorthin, man muß sich darauf einstellen (überhaupt der ganze Passus). – Exakt einen Monat nach Weihnachten roch es auf dem leeren Kirchenvorplatz, dort wo vor Weihnachten die Christbäume angeboten worden waren, plötzlich wieder nach Nadelwald, wie ist das zu verstehen, oder ich erlebte die Wiederkunft eines anderen Wohlgeruchs, in den Arkaden, als das von mir vor dem Ausgehen auf Kleider und Mantelkragen versprühte Toilettewasser echogleich auf mich zu- und entgegen kam, Montagmorgen ist mir am liebsten, da scheint für kurze Zeit alles stillzustehen, vielleicht kann man sich besinnen – – ein vertaner Montagmorgen kommt einem Sakrileg gleich, oder Erdenstaub, *so bin ich bald ausgefahren*. M.S. in seiner innewohnenden Leichtigkeit, oder seine Vorzüge sind im ganzen so glänzend, daß man ihm keine Fehler nachweisen könnte, ein Wolkenkleidträger ich meine Wanderzug; sonst geht es moderato zu.
Ich werde mich hingegen nicht bewähren in dieser aufreibenden tätigen Welt, die Transportbänder sind in Betrieb, aber ich steige nicht zu, ich bleibe lieber

zurück, alles geht mir zu heftig dahin, auch geschwind, jetzt schlagen meine Zähne aufeinander, ich empfinde Atemnot, Unbehagen und Angst, manchmal scheint es mir, mitten in der Nacht, ich müsse ausfahren und irgendwohin, wo alles unberührt ist, wo mich neue Erlebnisse, Erfahrungen und Erkenntnisse erwarten, wo mich die Wunder der Wahrnehmung von neuem in ihren Bann zu schlagen vermögen .. alles liegen- und stehenlassen und plötzlich weggehen, einem jähen Impuls folgen, Himmelsanfälle. Zum Sehen des Sehens, dachte viel an mich selbst, du bist eine angenehme Gesellschaft : Freigeist jetzt bläst es den Berg hinan, hier fliegen die Vögel im Zimmer, die Rauhnächte waren zahm, nur der Waldkauz hat heiserer als gewöhnlich geschrien, immer dieses Gefühl in mir als hätte ich etwas verbrochen, vielleicht habe ich mir etwas zuschulden kommen lassen, überhaupt komme ich mir immer schuldig vor, für alles trage ich die Schuld, *dabei eine Prise nehmend.* Etwas Infames, in meiner Vogelhaftigkeit, Schnabelgesicht, während die Sitzfiguren (erhitzten Seelen) mir bald von der Stirne sprangen, ebenso aus der Kehle, ich sehe es jetzt, Iris war meine Kopfpartie, ich kann mir schon alles zusammenreimen, auch führen die Stufen unter Torbögen (Arkaden) so in die Tiefe, daß es ein schönes Bild ergibt, es läßt mich so bald nicht wieder los. Deine Handschrift kaum leserlich da, wahrscheinlich beabsichtigt : wie mit leiser Stimme nur zu dir selber gesprochen, oder beiseite, ich kann das alles gut verstehen, es muß wohl so sein, daß man sich und einander fortwährend Schmerzen zufügt, aber in fortgeschritteneren Lebensabschnitten

läßt alles ein wenig nach, also die Mattigkeit macht uns auch gleichgültig. Meine innere Verfassung, ich leide an Indifferentismus, *Haus- oder Hasensprengel*, Gedankenkunde (Manie) : in unbequemer Hocke, die rechte Futterhand vorgestreckt, stunden-, ja tagelang auf das Erscheinen des Vögelchens warten (*Inspiration!*), es könnte ja sein daß es auftaucht, fast könnte es sein fast könnte ich sterben, zwei weiße Hunde dabei. Aber die Zeit spielt keine Rolle, Schluß jetzt, man hört auch wieder das Nebelhorn, Elefantenmusik, das traurige Tier das nicht lesen kann, oder dem Herzen Beine machen, am festgefügten Faden, in Gedanken habe ich mir schon öfter den Briefumschlag vorgestellt, und mich gefreut, deine Handschrift, und das Entfalten des Blattes, die Wirklichkeit ist dann immer noch schöner, etwas wie eine Schwalbe, sieben Uhr .. heute sah ich es so : Ende und Abschluß der Straße (nördliche Streckwand) bildete ein weiß verschränkter Rutenhintergrund aus Winterbäumen, Ahorne schneeverweht und -verzweigt, ein wunderbarer weißer Paravant aus Baumgeflecht, so himmelhoch, eine ins höchste strebende weiß bestickte Märchenhecke, reichte es bis zu den Firsten und Flanken, ein meisterlich arrangierter Bühnenprospekt verzauberte mich, und durch das riesenhafte Heckengewächs hindurch, mit schrägem Runddach glänzte ein kleiner Pavillon auf, darüber segelten Wintervögel, im letzten Paradox ich meine Phönix vermutlich .. Phoenix, Arizona, dein Ort.
Du bist nahe an Weihnachten, Neujahr geboren, als ob dich die festfrohen Genien so rasch nicht in den Alltag entlassen wollten, freilich ist es schön, sich von

vielen Menschen geliebt zu wissen, aber dann ist doch immer wieder die große Einsamkeit, nicht eine, die nach den Menschen ruft, sondern eine, ganz in sich vermummt und aus Angst bestehend, vor einem nahenden Ende .. auch vor den Finsternissen, da steht darin die Zeit still.

*Die Rabenkur Siebenrabenkur*, habe ich wo geträumt, aber alles ist dunkel und die Gegenstände so groß in meinem Zimmer, ich verfing mich heute einen Moment im schielenden Blick einer freundlich lächelnden Frau im Supermarkt, sie säuberte die Regale, ich bin verwirrt oft am Morgen, das feurige Leben mit seinem Königsflügel, erstaunt mich, derlei Stimmen höre ich immer wieder, auch bin ich da atemlos, wenn ich denke alles Gute kommt ja vom Himmel. Es könnte auch sein, man hätte keine Gaben empfangen, die andere beeindrucken, so müßte man mit seinen inneren Schwankungen allein fertig werden, ich meine ohne besondere Gnade. Das ins Auge Fallende wird bevorzugt, alle Stile gelten, alle Zeiten sind gefragt also schwer zu wählen, eine schwere Stimme auch für den leichten Gesang, das atmende Klavier und Schlangensolo, *dieser Ton aus der Ferne*.

Worauf lief mein Leben bisher eigentlich hinaus, ich kann mir schwer Rechenschaft geben, rabenhaft, meine Augen die sich beschmutzen lassen, hundeförmig oder hundezornig, nur keine grüblerischen Versponnenheiten, Empfindsamkeiten : wie abstoßend ist mir das alles geworden, was ist zu tun für die Heiligkeit, es soll ja auch nicht ich meine es soll ja nicht etwas wie ein *aparter Briefstock* Gnadenstock sein oder Opfer. Nicht dieser Stil! Und weiters frage ich mich, was unter dem Begriff UNTRÜGLICHER GESCHMACK eigentlich zu verstehen ist, die Unterhaltung einer Freundschaft ist wie so vieles andere ein Balanceakt nicht wahr, oder ein Titel in Briefen wo alles blättert . .

in einer Sage um halb vier, ein angebissener rostiggewordener Apfel im Rinnsal, Stella und Laura : so Anklänge an Flamingos : sie schreiten jetzt auf dem Sand : so Abkömmlinge von Blumenstrauß oder -straß. So daß das Wortmaterial auf mich losgeht und mich angeht und anzieht, nicht umgekehrt, meine Sprache pausenlos herausfordert. Sie verfertigte Hüte, ich spreche von Stella, ihr schönster war ein gelbgrüner Pfauenhut (Zigeunerhaube?), ich erinnere mich an die lange blaue Feder, linksseitig aufgezwirbelt; überhaupt handarbeitete sie ihr Leben lang, davon wurden dann die Augen so blaß, das ins Auge Fallende wird bevorzugt, der Gedanke ist voll innerer Wahrheit, die Augen bleichen dann immer mehr aus nämlich die Blumen wenn man sie zwischen Buchseiten zwingt, neben den weißen Lilien meine Lieblingsbäume, ich kaufe mir wilde Sträuße davon, grün ist die Farbe der Venus, der Ausdauer unseres Überlebens liegt wohl unsere Naivität zugrunde, die Handarbeit ist famos ausgeführt, die zarten Perlenkordeln als Verzierung am Oberkopf, Laura wird ihre Freude daran haben, ein seltenes Verfahren –
(das Reflexbad in Parma, erinnerst du dich, ein Reflex auf den Brillengläsern der blonden Germanistin während der Autofahrt usw.), nur die Künste sind von Beginn an allegorisch und durch diesen übertragenen Sinn auch für alle Zeit verbindlich, ich sei mit guten Wünschen bedacht; einmal werd' ich blasse Wangen haben, sagte Stella diesertage, Stella ist meine Mutter,

sie ist wirklich ein Stern usw., spielte auf ihren Tod an, auf ihr Totdaliegen. Mir ging das lange nach, das schüttelte mich vor Schmerz, ich war betroffen, daß ich selbst nie daraufgekommen wäre : sie würde blasse Wangen haben, einmal. Wie schrecklich ist mir dieser Gedanke, verfolgt mich jederzeit. Ein Stück Backe, ein blasser Backenknochen, unzähligemale habe ich mir in Schmerzausbrüchen ihr Totengesicht vorgestellt, aber es merkwürdigerweise nie mit einer Blässe der Wangen in Zusammenhang gebracht, die geschlossenen Augen, die vorspringende Nase, der offene Mund, wie oft hatte ich es gesehen, wenn sie ein wenig eingenickt war auf ihrem Fensterplatz, den Kopf auf mehrere Sofakissen gebettet, sie schlief dann meist nur kurze Zeit, bisweilen nur Minuten, aber ich empfand eine Scheu sie zu betrachten, wie ich es überhaupt vermeide, Schlafende zu betrachten, sie sind wehrlos und geben Geheimnisse preis ohne sich dessen bewußt werden zu können. Sie anzusehen, so in ihrer Ohnmacht, ist ungeheuer und ungerecht, kommt einem Übergriff, einem Seelenraub gleich, es gibt ja genug Menschen, die ein schamloses Vergnügen daraus beziehen, Schlafende zu betrachten, ich wollte mich nicht von ihnen umgeben wissen, ich blicke fort, ein düsterer Tag während ich atemlos laufe oder mich hinschleppe, jetzt bläst es den Berg hinan, oder von der Höhe stürzen die Böen herab, man weiß es nie genau, die Dichter tun nur so als wären sie tot, Hibiscusblüte, Gaukler im Schneegestöber, *Morgentodt*, Todhunter schöner Mann. Die Jugend hingegen in einer so weichen und intelligenten Lebensführung, Maria-Johanna, dieses Gnaden-, ich

meine Gemütsstudium weiblicher weißer Körper, oder ein Jesus-, ein Weisheitsverlangen, das habe ich wo geträumt, wie man so was hinschreiben kann, das farbige Leben, in eine Schattenwelt bin ich getaucht, oder entrückt, ausgeglichene Flut von Jugend, *das ist nur die halbe Wahrheit*, derlei Stimmen höre ich immer wieder in mir, ich frage mich, ob ich einem Produktionswahn unterworfen bin, ich bin verwirrt oft am Morgen, wie steckst du deine Extreme ab?
verschwendete eine Fackel an ihn, ich spreche von M. S., jetzt habe ich was gesprengt in meiner Brust, *Ton aus der Ferne*, als ich im Wartezimmer des Arztes saß, hörte ich in einem Nebenraum das Telephon schnarren, gleich wollte ich hin und abheben wie daheim, wir heben in eine verrückte Zukunft ab, Erdenstaub meine Seele, Laura in Straßentoilette, romantischer Kutschermantel : Toga in Schwarz eine Mode zu fliegen. Härte geht von ihm aus, ich spreche von M. S., aber Verfeinerung auch, Beweinung, Erscheinungsblässe auch hier. Man kann sich nicht retten, indem man die Welt rettet. Ich erinnere mich, als Kind kannte ich ein spanisches Gedicht, alle suchen und alle sind dazwischen, es gibt keine Schatten, es gibt nur den Widerschein, ins Unsichtbare verlängert. Unser menschliches Leben hat einen stark fiktiven Zug, auch stehen wir in einem permanenten Wechselverhältnis zwischen dem von uns Erzeugten und dem Wissen um unser und aller Vergänglichkeit : ein Gebäude wird errichtet ohne daß es ein solches wirklich gibt, da ist alles mit inbegriffen, alles in ein System von Zerstörung und Zerstörbarkeit eingebaut; innerhalb des menschlichen Kosmos, der um-

ringt ist von einer Atmosphäre der Zerstörung, sind alle ununterbrochen damit beschäftigt, etwas Haltbares zu machen, das ist die Tragik des Lebens nicht wahr.
Ich bin jetzt weit weg hoch oben auf den Bergen, gleichzeitig tief in den weißen Wiesen, *dabei eine Prise nehmend*. Scharfsichtig : wo man eine Reklame lesen konnte, auf einer Plakatwand, im weißen Rand der Affiche stand in Spiegelschrift in blauer Kreide mit Großbuchstaben ICH BIN HINTER DER WAND BITTE HILF MIR, Schwindeldächer. *Im ersten Verlorenheitsjahr* hielt ich alles für einen gaukelnden Traum, auch erzürnte es mich, daß es mir nicht gelingen wollte, in meinem Traumleben wenigstens über eine gewisse Gedankenfreiheit verfügen zu können, wenn schon im täglichen Leben immerzu das Bangen, Beugen und Buckeln. Manche Nacht bescherte ich mir ein schmerzliches Traumgeschehen das immer wiederkehrte, wie konnte mein Traumbewußtsein vergessen haben, daß er, M. S. mich schon mehrere Jahre verlassen hatte? mir träumte, er sei eben erst weggegangen und ich hätte es versäumt, ein letztes Mal ein freundliches Wort an ihn zu richten, er sagte im Traum LASS MICH, als ich ihm scherzhaft Rücken und Hinterbacken tätscheln wollte, er war mit einem dicken Tuchmantel bekleidet und hätte deswegen meine Berührung ohnehin kaum gespürt, eine Aufforderung meinerseits vermutlich, die Welt nicht allzu schwer zu nehmen wo ein leichteres Darüberhinklopfen der Dinge oder dergleichen. Er hingegen von einer Galeere zur nächsten, ich meine Galerie, MACHEN WIR UNS EINEN GALERIENACHMIT-

TAG, Rundgang von einer Galerie zur nächsten, hatte er vorgeschlagen; aber es war dann nur mühsam, im Grunde unerträglich, das nagte im Grunde alles an unseren Nerven, wie orthopädische Prothesen lagen wir umher, neben den Gemälden in den Galerien oder wie soll ich sagen, unsere Nerven neben den Gemälden, Bruchstellen gewissermaßen, geplatzte Koffer, Kassetten, Trapeze, Vielecke mit halbkreisförmigen Auslassungen, Ausschnitten an den vier Ecken, rautenförmige Vielecke aus verschiedenfarbigen Lederflecken, ohne Nägel oder Nadeln an einen holzartigen oder holzimitierenden Hintergrund aufgespannt, ich sehe es zuweilen als Ladenschild : Kopf des Pferdes (von dem das Leder gewonnen war), auf seiner einen Backe liegend, wie ich wenn ich zum Schlafe rüste, Gerüst, auf einem Bein stehend, Meridiane, ruft Stella, durchkreuzen mich in der Schlafstube, jetzt wirbeln die Flocken nach oben, M. S. *wie gestochen*, in seiner Bübchenunterkunft, Bübchenwohnung, Garconnière, das Aneinanderwetzen der Hosenbeine, M. S. in seinen beigefarbenen Jeans, wie ein Zirpen und Tschilpen hört sich das an, ich höre es nicht ungern. Wie einen Säugling hält er seinen bandagierten Arm im Arm, preßt ihn gegen die Brust, behutsam, und blühend weiß, bestückt den Knaben in seinem Arm mit liebevoll-sorgendem Blick oder anhänglich, weißt du wovon ich lebe, das ist nicht eine Bagatelle (Vergoldung), eigentlich bin ich auch oft ein Wolf, aus Gefühlen von Ungewißheit und Unerfahrenheit zusammengesetzt, kaum betrete ich einen Raum, beginnen sich Stücke von mir abzulösen und ins Substanzlose aufzulösen, ich meine ich breite mich in jedem Raum sofort stückchenweise aus, belege alles was frei ist, mit einem panischen Gefühl, was sich so ausgestreut hat. Auch Augenstellung. *Nichts geht mehr*. Auch wenn du nicht sprichst, bist du ein Sprachbündel, unausgesprochen, unausgeworfen, waldwärts in den Nebel, ins gefrorene Laub. – Später, in den Straßen, die Ampel zeigte ein altes Grün, das sich Zeit nahm, auf Gelb und Rot zu springen, das verborgene Selbst. Oder die Sehnsucht nach Verzehrung. Das Innere des auseinandergeschnittenen Apfels erinnert mit seinen beiden schwarzen Kernen an den listigen Ausdruck eines Fuchsgesichtes (Augenstellung), wie man es von Kinderbuchillustrationen her kennt, wenigstens den Anfang eines Anfangs machen, ruft Stella, dieses Ausgepumptsein, diese Leere, die sich vor einem auftut und einen angähnt, wenn man eine Arbeit, über der man längere Zeit gesessen ist, auf einmal und beinah zur eigenen Überraschung zu Ende geführt hat – wie ist es wenn man schreibt NIE DEN MUT VERLIEREN – : die Verzweiflungen sind uns wohl vertrauter nicht wahr. Die Heiligen sollen immer standhaft bleiben, sie sollen ja Heilige auf Erden sein, was ist es aber, das diese Gemeinschaft immer und immer in Bewegung setzt?

Da ist das ist mein Herz : mein Zimmer, mein Tisch, mein Bett. Stuhl und Maschine, der Blick aus dem Fenster, also eine gewisse Örtlichkeit, Tageszeitstimmung, Schlafanzug. So kann ich auch den Verdacht nicht loswerden, daß ich, um dir zu schreiben, ein bestimmtes Ambiente brauche, die letzten Male schrieb ich immer am Sonntagmorgen, war ganz früh aufgestanden und sah von meinem Erkerplatz aus wie es langsam Tag wurde, ich meine durch die Belehrung in der Musik. Wie sehr Schreiben ein etwas waghalsiges und gar nicht immer erfreuliches Unterfangen ich meine Untergang ist, weißt du selbst am besten und man oft davon fortgetragen ist, auch manchmal in Krankheit und Erschöpfung. Gerne hätte ich M. S. wiedergesehen, aber der Zeitpunkt war ungünstig, so hoffe ich, daß uns das Leben wieder einmal zusammenführt, zumeist trennt es ja, und seit ich ihm nicht mehr nahe sein kann, habe ich auch kein Gesicht mehr, da ist nur ein Stück Fleisch, roh, hätte ich beinahe hingeschrieben, ein Brocken Fleisch mit einem Paar hungriger Augen, also einseitig verschwollenes Backengesicht, in Andacht irdischer Schlacken zwei herabgezogene Mundwinkel. Keine Philosophie darüber am Ort, ach ganz gemein und gewöhnlich bin ich in meinen Gedanken, wenn ich sie an den deinen messe, ich schneide schlecht ab, wie festgefügt deine Gedanken sind, ich stehe mit leeren Händen da, nichts mehr von Aufschwung, medialen Einflüsterungen, nachdenklichen Augenblicken. Weltbeobachtung nur noch vom Schreibtisch aus, ich meine überflüssig und müßig. Zu repetieren ist schwer, ich kann mich nicht mehr erinnern an mich, wozu auch, mit meiner Vorstellungskraft und bei allen Gelegenheiten scheint es zur Neige zu gehen .. bin *einbildungslos* geworden. M. S. stammelte einmal was von Mission, er müsse noch irgendeine Mission .. Gemeinschaft der Heiligen vermutlich. Teufels-, Air- und Trauermusik, er haspelte dann etwas herunter, was ihm zugestoßen sei aber ich konnte nicht folgen, ich nickte fortwährend mit dem Kopf als ob ich verstanden hätte, aber ich war längst dahin inmitten meiner seligen Gedankenlosigkeiten, ich wollte in Ruhe gelassen werden. Im Grunde bestand ich nur noch aus meinem gefälligen Kopfnicken, Jasagen, so schirmte ich mich erfolglos von den Wirrnissen dieser Welt ab, welche mir in die ältesten Poren zu dringen suchen, bei Tag und Nacht, die wirkenden Gnadenmächte von oben lassen wieder einmal allzu lange auf sich warten, jede Nacht schlafe ich wie auf einem Fährschiff, ungewiß, wo ich lande, fliegende Frau auch Nasenflügel kommt immer wieder, kleines in seiner Schwere kauerndes Tier, dann habe ich mich in dieser fremden Stadt an ein paar bocksfüßigen Bäumen orientiert, gleichsam Stadthain in Bahnhofnähe, jagte immerzu da herum und ums Bahnhofsgeviert, um nicht fehlzugehen vor der Weiterreise, die Blicke der Vorübergehenden folgten mir lange, die klumpigen unbelaubten Bäume wie mit Fäusten gegen den Himmel, als drohten sie dem Himmel; auch das noch. Bin ganz linkslastig aufgewacht, früher Morgen des 18., fühlte mich schrecklich zwischen sämtlichen Orten, *dieses Schlafen und Wachen die freie Schweiz*, trat dann auf den menschenleeren Lindenhof bei Sonnenaufgang, wieder die knorrigen Bäume im Geviert, Leinensäcke mit schwarzen Gesichtern : Lämmer, regungslos vor einer Bauhütte stehend, frierend, es sollte der Himmel werden aber es war die Hölle, zwischen den Schottersteinen der Geleise sah ich es blitzen, eigentlich guttural, Sprachtick womöglich. Ich bewundere die Fähigkeit der meisten Menschen, pausenlos zu reden, nein : überhaupt zu reden, zu-

sammenhängende Sätze hervorzubringen, die auch noch irgend einen Sinn zu enthalten scheinen, in einem Wald so schauerlich die Bäume, in einer Station bei geschlossenem Abteilfenster die einander willkommenheißenden, einander umarmenden Menschen auf dem Perron betrachten, wie sie einander begrüßen, zu einander reden, alles stumm. Dann wissen wollen, was sie reden, was sie wohl zu einander reden, mit welchen Worten sie einander willkommen heißen, was ihre Neuigkeiten sind, usw.
Ich wußte mir keinen Ausweg, in meiner Pfauenhaube, oder das Theaterhafte geht auf den Hund .. ein Reflex auf den Brillengläsern der blonden Germanistin, die uns vom Bahnhof abgeholt hatte, erinnerst du dich, schien in Form und Farbe ein Veilchen zu imitieren, sie kutschierte uns dann bedächtig zum Hotel, und während wir ausstiegen, sprach ich mit ihr über meine Beobachtung, sie schien bewegt, lächelte scheu ..
wenn ich mich anstrenge, ich meine ich mußte mich ein wenig anstrengen um ihn so zu sehen, ich spreche von M. S. Ich wollte am liebsten nur seine Hand sehen, die eine Zigarette hielt, manchmal gelang es mir dann auch, seine blasse Hand aus seinem übrigen Erscheinungsbild herauszuvergrößern, es war eine Art Fetisch für mich geworden, nur diese seine ältliche blasse Hand, eine Zigarette haltend oder zum Munde führend, Rauchschwaden füllten das Zimmer, schienen ihn vollkommen einzuhüllen oder zu verbergen, nur seine Hand, diese seine Hand : sie schien ein Geheimnis zu enthalten, im Anblick dieser seiner blassen, müden, ältlichen Hand konnte ich es mir

vorstellen ihn zu lieben, ich mußte mich auf diese seine Hand konzentrieren, um ihn lieben zu können. Das Oval der Sonne (oder Kalkputz der Sonnenscheibe) krümmte sich, ich berührte staunend die gefrorenen Wasserfälle, die an den Flanken der Berge, an welchen ich vorüberfuhr, geglitzert hatten, mit dem Fortschreiten des April, es war mir gleich alles war mir jetzt gleich, ich vermied es, seinen Namen in einer Gesellschaft zu nennen, ich spreche von M. S., weil ich erwarten konnte, daß alle ihn kannten. Ich ertrug es einfach nicht mehr, sie wollten alle mit ihm studiert, oder musiziert, oder Bergwanderungen mit ihm unternommen haben, oder von ihm photographiert worden sein, oder sonstwie mit ihm verkehrt haben, Stadtpfeifer usw. Wasser ist Erde nicht wahr, mein ganzes Leben war ein ständiger Entschuldigungsgrund, ich habe immer einen Ernst oder Gestus an den Tag gelegt, ich meine ich habe mich immer für alles entschuldigt, selbst für die wenigen Vorzüge die ich besaß, weil ich dachte ich hätte sie mir nicht rechtmäßig erworben, sie seien mir vielmehr nur geliehen, sie seien mir ohne eigene Anstrengung zugefallen, nämlich mir als Himmelsgaben in die Wiege gelegt worden; geboren im Jahr Schnee so weit da hinten, ich sehe es kaum mehr. Charlestonzeit oder was, Großmutters Hand, ich tappe nach ihrer Hand, Februar '27, sonniger Jahresbeginn, Rubenspark, sie hat mich auf eine Parkbank gehoben, ich reiche ihr jetzt bis an die Schulter, ich habe noch keine Ahnung von Rubens, aber schon Tränen und Sehnsucht, sie hat den Pelzkragen hochgeschlagen, vorne den Mantel geöffnet, daß man die bloße Haut sehen kann, das

ist eine alte Geschichte, Holzverschlag. Ich ducke mich, gucke mit Mausaugen aus einer Ritze ..
Vogel des Verfalls, und Unheils. Ein einziges Mißverständnis : die klaren Sätze dürfen nicht ausgedacht sein, sie müssen sich selber herausschütteln nicht wahr, tatsächlich aus dem Ärmel. Sie müssen ins Gedränge kommen, herausgeschüttelt zu werden, aber zwischen den Diskursen, der Schluß womöglich abrupt –
Man will mich auf den Knien gehen lehren!

die Eisgetränke versetzten uns augenblicklich aus dem Frostgärtchen des Winters in die grünen Eisgärten des Sommers : efeuumsponnene Paravants, die die einzelnen Sitznischen von einander trennen, über dem künstlichen Rasen des Podiums die Tischchen im Freien, auf deren Marmorplatten die ungewöhnlichsten Gravuren, unvergleichlichsten Kritzeleien. Ein alter großer Baum, in welchem die bunt geleimten Vögel sich verteilen, ein Taumel (Tunnel) führt zu den eigenartigsten Gefühlswallungen, ein Taumel auch meine Mutter, fast wie ein Schmetterling gaukelnd, es ist die Altersschwerelosigkeit, Altersgaukelei, in ihrem Glockenstuhl, so habe ich meine Wolle d. h. meine Vorgefühle, die alles schon im vorhinein gerochen geschmeckt empfunden erfahren haben wollen, wiedergefunden, bevor es in Wirklichkeit auftritt eintritt erscheint, bevor es in die Wirklichkeit geht, bevor es da auf- und eingeht, es trifft dann ein, schlägt ein, ein Stück neben mir, es schlägt in der Nähe ein, also ein Doppelgänger. So holen mich die Turbulenzen, Turteltaubenstürme ringsum ein, rings die Backen um bissiges Zaun- und Zungengeflecht (Zähne und Zäune), fletschend, das Fletschen, meist in plumpester Weise, *denn ich neige zum Weglassen, Garnichterstaufkommenlassen der Anekdote, die mir vulgär ist* : Schönschrift und -lift. Habe nie ein Hehl aus meinen Quellen gemacht, Zitat ist Teil meiner Schreibmethode, dies alles habe ich entlehnt : seht her und sieh da!, Brautkorb, nach Dalí, etc., die kleinen

Propellerflugzeuge der Fliegen, auch gab er mir manchmal einen spanischen Namen, was mir gefiel, ich spreche von M. S., was mich einnahm für ihn usw., er schrieb mir fast täglich wunderliche Briefe, deren Verrücktheiten mich mächtig anzogen, da saß er vor mir dieser junge gleichzeitig uralte Mann mit dem weißen Gesicht, sein welkes gelbliches Haar wellte am Oberkopf, die frischen Mädchenschwärme hinter ihm her wie leuchtende Brise, ich meine *im ersten Verlorenheitsjahr*, als wir uns aus den Augen verloren hatten.

Unten am Strand (ich nehme jetzt Ferrara vorweg!), gab es Teerhöcker überstreut, nein überzuckert mit Kies, von einer Balustrade konnte ich in die Tiefe hinunterblicken, auch riesiger Stadtsaal träumte mir, grünte mir immer wieder, alles flockte mir auseinander, statt eines Paares fand sich nur ein einzelner Schuh im Haus, wo war der zweite geblieben, ich befinde mich im Schoße, wessen? Auch war das schwarze Tischfeuerzeug plötzlich verschwunden : das sind Hexen im Zimmer, alles in Hexenschrift, böseste Geister etc., man sieht auch manchmal über Gegenstände hinweg, d. h. sie verbergen ihre wahre Gestalt vor uns, ich bete um Abwendung jeglichen Unheils, bin sehr motorisch geworden, ein Rückblick ist kaum zu leisten, ich liege auf meiner Matte und träume, ich liege auf meiner Wolle und weine, Kopfklee und -schnee .. ich meine die Wolle den Pelz meine Behaarung die himmlischen Sachen, jemand führt mir vermutlich die Hand beim Schreiben oder ich zeichne einfach die Lippen nach, ein glänzender Flügelschlag seiner Augen (M. S.), man ist da in einem

Klima drin wo es heiß ist, *das bin nicht ich das ist ein Bild von mir*, ich muß ganz ungezwungen sein können, damit ich leben und fühlen kann, damit ich leben und schreiben kann, ich meine ich muß ganz ungezwungen fühlen und leben können, um schreiben zu können; eigentlich geht es am Anfang meist irgendwie durch Gestrüpp ehe man weiß was sein soll, eigentlich geht es einer melodischen Sehnsucht, einer Verführung nach, ja man folgt ganz unwillkürlich einem heftigen Locken und Rufen (ULTRAMARIN).

So konnte kaum einer mehr eintreten bei mir, weil man nicht wußte wohin mit den Füßen, wohin man seine Füße setzen sollte, drei Träume rätselhafte Abendstimmung : eine Art Sinnesschwäche hat mich erfaßt. Ich errege wieder Aufsehen sobald ich die Straße betrete, ohne daß ich mir irgendeiner Auffälligkeit in meiner Erscheinung bewußt gewesen wäre, ich trage meist schwere schwarze Kleider und schwere dunkle Taschen, ich fürchtete mich davor, sie könnten mich eines Tages mit Steinen bewerfen, mich angreifen ohne daß ich etwas verbrochen habe. Ich krieche ja nur umher, schreite schattenlos ein und aus, suche keinerlei Kontakte, verhalte mich ruhig, blicke zu Boden um mich in meinem steten Schwindelgefühl auf den Beinen halten zu können, aber gerade das macht sie rasend und sie verstehen mein Gehaben, das so rücksichtsvoll wie unbeteiligt gemeint ist, als Herausforderung, mußten es wohl als Herausforderung verstanden haben, plötzlich auf dem Boden vor mir mit geplatzten Gummireifen (?) die kauernde Greisin im kotverkrusteten steif knit-

ternden Faltengewand, Vision im Schaumgummizeitalter oder was?
Freitag hat Ähnlichkeit mit Montag : glänzend Ungnade, Ungeduld am Morgen, so fratzig die Blumen, wie ist mir dieser Satz eingefallen, heruntergekommener Strand (wieder Vorgriff auf Ferrara?), fetzige Blumen, was für aggressive Blumen, mit bestialischen Schnäbeln (Pechschnäbel, pechfarbene Rachenblütler!), später, im Aufblühen, zeigten sie Ähnlichkeit mit dem kantigen Maul eines Terriers : die kleine Pornographie, Theorie der Radikalität usw., und das alles, weil die Welt mich so beutelt .. habe die Handtücher und Gardinen heimlich mit kleinen Löchern versehen, durchbohrt und durchbordet, die bedenklich sich neigenden, in sich zusammenzustürzen drohenden Schränke und Gestelle mit Seilen an Wandhaken festgezurrt, damit hier im Hause nicht alles gleichzeitig zusammenkracht, bin sehr motorisch geworden, muß meine Schriften einer schrecklichen Ungewißheit aussetzen, um freihändig weitermachen zu können, ich erlebe den Wandel der Wahrnehmungen und erkenne seinen natürlichen Fortgang, finde den sich schließenden Gedankenkreis und höre das fast herausgesprudelte JA QUENDEL –
das Ganzandere scheint einer inneren Anlage des Menschen zu entsprechen, und daher ermüdet der Mensch auch so sehr, wenn man ihn festlegen will, oder : das Alltägliche überwältigt uns und gerade Ermüdung ist ein Erbteil unserer Schwäche von Anbeginn; Adler, Bettina und Dunkelpferd, wuchtete es aus seinem nein meinem Munde, manchmal ist das kaum mehr zu unterscheiden gewesen, ein Wort, ein

Bild aus dem Halbschlaf, das Licht als Betäubung, als Warnschuß! – Tägliche Pflichtübung : nicht am Leben vorbeizugehen oder das Leben nicht vorbeigehen zu lassen, sondern es sich in jener besonderen Lichtbrechung vorzustellen, also besonders scharfkantig, irisierend, wahnwitzig, beißend. Diese Qualen, unstillbaren Sehnsüchte, immer von neuem geweckt : ein Kratzen ist das!, eine Pathologie!, Ballung als Rosenbett!, etwas das zugleich nach *konsumieren, kompensieren und devastieren* verlangt!, Verblendung und Gaukelei, Askese als Ekstase und umgekehrt, *und alles von der Wirklichkeit abgepaust!* – Hatte es mein Traumbewußtsein verabsäumt, die Wirklichkeit einzuholen, waren meinem Traumbewußtsein die jüngsten Ereignisse entgangen – ich spreche von M. S. : ich befand mich mit ihm auf einem riesigen Musikdampfer, mit seinem und meinem Kopf, er kam wie gewöhnlich in letzter Minute, ich trug Stöckelschuhe aus Schlangenhaut, er berührte meine Füße, küßte meine Füße, zeigte sich außerordentlich verliebt . .
und dann verweinten sich meine Füße während wir abhoben und -stießen, es war ja auch eine Flugmaschine, das ganze war auch eine Luftreise, Wasser als Luft und umgekehrt, *oder ein Bedürfnis wird weggesteckt.* Andererseits mußte ich in meinen wiederkehrenden Träumen mit großen Angstgefühlen beobachten, wie seine Körperkräfte von Tag zu Tag abzunehmen schienen, er wurde schwächer und langsamer, Laura sprach in quälenden Andeutungen davon, ohne mich vollkommen einzuweihen, erwachend kehrten meine Gedanken zurück zu den

Tagen, da wir noch in jeder Weise vertraut gewesen waren und er mir, sobald er mich in seine Arme schloß, die Empfindung vermittelt hatte, ich könnte mich wie in ein wohliges Bad in seine Liebe hineinbegeben, er redete wenig und das geringste über mich und meine damalige Situation, aber gerade das beruhigte mich, hüllte mich tröstlich ein, gab mir Zuversicht. Manchmal sprach er übermäßig viel, und ich verstand sogleich was er damit meinte : auf den Sinn der Worte nicht achtend, sollte ich mir aus dem Klang seiner Stimme und der Zärtlichkeit seiner Blicke alles an Trost holen, dessen ich bedürftig war, oder, wie Stella mir des öfteren gesteht, höre sie nicht auf das, was ich spreche, sondern nur auf den Ton meiner Stimme, Stella ist meine Mutter . .
das Aneinanderreiben, nicht -reihen, von Botschaften oder wie soll ich sagen, Zusammenstauchen von Begriffen, in einem Spiegel, schrecklich verzerrt und zugerichtet, eben schon für die Ewigkeit : man fällt in sich hinein, und dann ist man mit sich selbst allein, und das ist dann das Ende. Es gibt rasende und liebende Manifestationen, wer hat das gesagt, wie ein langes Bild ist das : nicht so, daß mir zu Beginn eine Fülle von Gedankenbildern beschert würde, vielmehr handelt es sich um ein *langes Einzelbild*, keine Bildfolge, welches sich langsam entrollt, zögernd, mit Ausfällen, Schattenblitzen. *Es blitzt ja auf wie in einer Fremdsprache!*, rief M. S. zu wiederholten Malen, wenn er in meinen Schriften las, die Münzen fallen dann durch die löchrigen Mantelsäcke direkt in den Mantelsaum, sinken wie Bleigewichte nieder, klimpern, wenn man die Schritte unter dem Saum

beschleunigt, obwohl im täglichen Widerstreit .. was heißt hier verlängert, was heißt ich bin wie ein Spiegel für meine Umgebung? wie Eigennatur wie Narkotikum : das Briefeschreiben, oder wenn ich dir schreibe DEIN JÜNGSTER BRIEF HILFT MIR AM LEBEN ZU BLEIBEN : so ist das vielleicht nur die halbe Wahrheit, Befreiung der Finger (Dalí), wenn ich meine Hand betrachte wie sie altert, vor meinen Augen fortwährend zu altern scheint, gealtert erscheint, und meine Finger, die in den feinsten Rillen etwas wie Staub zu bergen scheinen, daß ich jedesmal ganz verwirrt und traurig zu werden beginne .. Emotion der einfachsten und unmittelbarsten Tatsachen, weil sie, indem sie ihre Liebe so offenkundig zu spüren gab, ich spreche von Stella, mich schrecklich *überspannte*, ich meine den Bogen ihrer Verherrlichung überspannte, mir allzuviel zumutete, was ein Unbehagen in mir hervorrief, Ungeduld, Ungenügen, Scham und Schaum, und mich auf diese Weise für das eben noch möglich Gewesene verdarb und verhinderte, verderben, verhindern mußte, DU KANNST DOCH FRANZÖSISCH!, rief sie mir zu, fast glaubte ich dann schon daran. DU STERN!, rief sie, indem sie mich mit ihrem eigenen Namen bestückte, beschenkte, DU STERN!, aber ich konnte es nicht, nichts, tatsächlich nichts, ich hatte tatsächlich nichts erlernt, verfügte über keinerlei Kenntnisse in dieser Richtung, in keiner Richtung, hatte überhaupt keine Ahnung von irgendwas. Aber dann merkte ich plötzlich, und ich erschrak über alle Maßen, sie war immer so wohlgeformt gewesen!, daß ihr ein Buckel gewachsen war, über Nacht sozusagen, ich sah, daß sie bucklig geworden war, und meine ganze Zuneigung strömte ihr von neuem entgegen und wollte sie einhüllen : meine Liebe, mein Mitgefühl wollten sie ganz und gar umfangen, und trösten .. o du Stern!

.. da richten sich alle Pfeile auf dein Herz, rufe ich mir selber zu, wenn du es so offen zur Schau trägst, das wichtigste im Leben ist, unauffällig zu bleiben, wer hat mir das beigebracht, ich weiß nicht wie meine Stimme kommt, am frühen Morgen vor dem ersten Telephongespräch, aber ein unendlich vielfältiges wißbegierig in die Höhe hüpfendes *Gedankenjunges* mit gerauften Federchen, so kraus, hat sich eben angekündigt .. Behandlung des Kopfes mit einem Glüheisen gegen Kopfschmerz, Wellennatur, dann die Entfaltung bekannter Ereignisse, ABER ER HAT EIN GESICHT WIE EINE HEUSCHRECKE : Dalí als Kind von einem Fisch, den er gefangen hatte, Brautkorb, nach Dalí.

Übrigens das mit der Forderung nach Mitarbeit des Lesers und Hörers ist alles Humbug, lieber im Lehnstuhl bei Abendbeleuchtung das Buch in der Hand und sich ganz passiv überschwemmen lassen, also ein kleiner Klassiker werden wollen, und dadurch sich rauszuwickeln, wider die Vernunft und den Glauben, nichts gehe mehr.

## 4. *nichts geht mehr*

da waren also wieder die Träume, in meinen Träumen kam er mir wieder zurück, der Blick so hinüber ins Namenlose, als hätte mein Traumbewußtsein nichts, gar nichts begriffen, als hätte es die jüngsten Ereignisse nicht zur Kenntnis genommen, wie einem ein Wort entfällt ist er mir entfallen, also ist er meinem Herzen entfallen, *dann stell ich mich eben aus dem Weg oder wie soll ich sagen*, da blickt der Morgen trüb aus seinen Augen, ich spreche von M. S., eine Reihe von Bewußtseinszuständen stehen mir noch bevor oder im Wege, oder sind für künftige Modifikationen verantwortlich, er hatte ein Stilleben nachgestellt, es war still geworden im Saal während er agierte, sein Spiel abwickelte .. eigentlich alles ein Spiel : im Grunde interessiert mich nur dieses mein Spielen wie ein Kind : wie als Kind mit dem Steinbaukasten oder den Holzklötzen .. da hocke ich hin im Glanz der Sterne, am zeitigen Morgen und baue alles mögliche zusammen : eine Lust schon, aber das stimmt dann alles nicht wenn ich aufwache, ich meine alles geht so unkontrolliert vor sich als hätte ich es im Rausch produziert, es kommt einem großen Bedürfnis nach, und ich komme einem großen Bedürfnis nach, und es befriedigt mich vollkommen : wie andere mit ihrem Vermögen, mit ihren Anlagen spielen, spiele ich – – ja, womit eigentlich, mit dieser gallertartigen Masse (?), oder wie Dalí sagt MIT SICH SELBST OHNE FESSELN ZU SPIELEN, usw., *mein Stil verdankt Dalí sehr viel.*

In Richtung Arkadien zum Beispiel (was der Bleistiftspitzer spielend hervorbringt) : zarte Produkte plissierten Fleißes, Pirouetten von Spitzenröckchen, zitternd wie Weberknecht, oder als blonde Spirale über der Tischplatte schaukelnd, nach einem Raptus.

Meereswellen an seinem Kopf, schwarz, er trug in meinem Traum einen sehr bürgerlichen Namen (Anzug) Almjäckchen, ich frage ihn, ist es etwas Handgearbeitetes, mit riesigen Hirschhornknöpfen in der Mitte verschlossen, ärmellos, dazu Pluderhose, Stiefeletten (Plunder?), vielleicht mütterliche Strickarbeit? was er verneint, er kam mir entgegen, kreuzte meinen Weg, barhaupt mit grünem Jägermantel, Halluzinationen, *Halbschneiderei*, auf dem Asphalt vor seinen Füßen : Profilblüte einer Frau, zwölf Schwäne am offenen Himmel, oder als würde er stets die Hacken zusammenschlagen, den Hut ziehen wollen wenn er jemand begrüßt oder mit jemand zu reden wünscht (»das Knarren der Lederstiefel«), ich frage mich dann, sei er als Embryo auch schon so fügsam gerecht gewesen und habe niemand gestoßen, gegen nichts gegen niemand verstoßen : glorreicher vorgeburtlicher Zustand . .

es hat so geflammt im Schlachtfenster, eine feuchte Schwalbe ruderte in die Regenluft, das Winzermesser als Himmel (denkende Träne) . .

wir hatten lange gerätselt über sie, dann erfand ich : sie ist ein Insekt!, wir sprachen von Laura. Nein eine Motte!, das ist die richtige Bezeichnung, *passiver Benennungsschatz* wer hat das gesagt? sie ist wirklich eine Libelle (Zikade?), blutige Libelle oder was, und

glänzendes Flügelschlagen (der Augen). Er läßt sich fallen, entblößt seine Brust, sein Haupt, ich berühre sein warmes Fell eine nie vollendete Liebesszene, die Flasche gießt sich selbst aus, seine Hand sein Korb mit den schweren Früchten quillt über, der Schatten eines blauen Sterns erscheint über den dunklen Katzenpfoten, zeichnet sich über dem illuminierten Katzenkopf ab, oder die Fleischbrocken, roh, auf dem Tellerrand, setzen sich vor meinen Augen wieder zusammen, worüber der Geist eines Zeisigs schwebt und flirrt (trällert), das flatternde Herz, das fliegende Kreuz, das offene Ei als Sonne als rosa Kelch, rosa Biß, usw., den Supermarkt als Disneyland bezeichnen und dergleichen, wer hat das gesagt?
Grenadiergehaben bei weiblichsten Körperattributen : ich spreche von Rosi (Freundin), also in solchen Kategorien zu denken wie »*sie hat schon wieder das Werkel an* ..«, usw.
Ich war an den offenen Engel (Apfel) geknüpft : genäht, ich weinte wie ein Tannenbaum aber statt eines Stopfeies hatte ich einen kleinen Apfel untergeschoben, dann erstaunt gemerkt, daß die Apfelhaut, hier und da von der Nadel durchstoßen, glänzend poliert schien, rosa Ei Stopfei, die kleinen tobsüchtigen Kunstwerkzeuge, Kauwerkzeuge sind stumpf geworden, ich habe mit der Hand oder einem anderen Werkzeug gegen meine Schläfen geklopft .. *was ist wenn es mich einmal im Schlaf überrascht, überfällt, überrumpelt?* ich meine ohne daß ich ein Bewußtsein habe davon, diese Vorstellung ist die schrecklichste aller Vorstellungen und ich könnte tobsüchtig werden vor Angst, was für ein winziges Amselherz.

Obwohl, viele Menschen würden sich einen solchen Abgang sogar erhoffen und erflehen. Ich verfalle in Raserei, ein verzogener eingezogener Mund, akkompagniert von der Starre des Blicks, oder die stumpfgewordenen Kunstwerkzeuge : wo bleibt dann das Spielen, Spiegeln und Fliegen, Holzklötze bauen, Steinbaukasten, Zikade? ich könnte rasend werden bei dem Gedanken, daß ich diesem Ende verpflichtet sein soll, daß ich dann, drüben, aus anderen Quellen gespeist sein soll, daß ich dann, drüben, wenn es mir bevorsteht und ich aus anderen Quellen gespeist sein soll, mir die stofflichen Erfahrungen abgehen würden, und vorzeitig ausgehen würden, aus deren Ableitungen einzig ich mir diese Spiel- und Spiegelarbeit zusammensetze, aus deren Ableitungen einzig ich zu spielen ich meine spiegeln imstande bin. Noch bin ich eingehüllt in mein Spiel in mein Werk in mein Spiegelwerk, so bin ich am Leben, äußerster Nervenzustand, Profilblüte einer Frau. Wer kann da helfen, was könnten wir tun, um diesem schrecklichen Ende nicht ins Auge blicken zu müssen, wie können wir alles verleugnen, verbergen, vertuschen .. Relikte, äußerste Reste eines Spiegelgebrauchs, an unerwartetster Stelle, an einem beliebigen Ort, angestifteter Zustand, *nichts geht mehr*.
Wie das dann aufhört, wie das dann aufgehört hat mit uns, drei Wochen vor seinem Abschied, er rief mich fast täglich an in diesen drei Wochen vor seinem Abgang, um mir die alltäglichsten Dinge mitzuteilen, ich spreche von M. S., er wollte mich wiedersehen so wiederum die Legende (Gedächtnisschreiber), mit seiner Pfauenhaube, dem blassen verweinten Gesicht,

die Augen schwimmend in Tränen .. jemand (er) steigt von der Straße aus in schönen Kleidern, Zylinder, schwarze Wellen, ins Netzwerk der Stadtkanäle ein, es ist aber ein ganz alltägliches Unternehmen, ein wenig wird das schlammige Wasser ihn überspülen, während er Stufe um Stufe abwärts taucht, aber der Hut bleibt dabei auf dem Kopf. Während Unrat sich um seine Lippenränder und geschlossenen Lider sammelt, was mir schmerzhafte Empfindungen hervorruft, ich habe wieder den Verlust meiner großen schwarzen Tasche, die ich überall mitführe, geträumt : wird mir darin angezeigt, daß ich mein Leben verlieren werde, oder habe ich es vielleicht schon verloren? ich erhebe mich, schon gurren die Tauben vom Dach Begräbnisfrauen, *passiver Benennungsschatz* wer hat das gesagt, bin unbeständig geworden, unentschlossen und meiner nicht sicher, *er hingegen so eine Existenz!, du bist so eine Existenz oder was*, rufe ich, worüber er Tränen lacht. Ich bin auch ein verlorener Mensch, naiv überzeugt, der Adler mit dem wissenden Menschenblick auf meiner Hand, der mit seinen lichtblauen Krallen das Blut schwitzt, ich meine das Blut aus meiner Hand meinem Handrücken schwitzt so daß ich Blut schwitze, dahinter ein rotweißroter Regenbogen und das dunkle Sternenbanner der Nacht, bin ich ein einsamer Indianer (Indianerfrau?), verwahrloster Eigenbrötler, das Lederzeug auf dem Rücken blaßgelb mit Fransen, wenn ich dann anhalte, auf dem Gehsteig mich *aufpflanze*, um etwas in mein Notizbuch einzuschreiben, dann stehe ich plötzlich allen im Wege, halte den Strom auf, sie drängen mich an den Straßenrand an den Bordstein, und ich sehe wie aus der langen Pfütze in welche ich starre, ein violetter Vogelschwarm pfeilartig aufsteigt, und blitzende Schatten. Habe ich das Auge der Nähe verpflichtet, versagt es mir bald seinen Dienst oder ungenau, alles verschwommen nicht wahr, rühriges Pentagramm du hast die Physis deines Vaters geerbt, oder man stößt jemand der überheblich daherkommt in der Straße absichtlich an, oder wenn sie zum Beispiel auftauchen hochstelzig : die Frauen *in ihrem Papageienzeug*, so ohne allen Zusammenhang mit mir!, in meiner eigenen Stadt muß ich mich oft auf die Route konzentrieren, die einzuschlagen ist, um ans gewünschte Ziel zu gelangen, ich erschrecke wenn jemand hinter mir auf mich einredet ohne daß ich wirklich gemeint war, ich fühle mich zur gegenwärtigen Stunde frei, von den Fesseln der Liebe, sie ist mir entfallen. Er ist meinem Herzen entfallen. Der Autolenker ließ einen Schwarm Vögel vorüber, welcher vor seinem Fahrzeug emporstob, du hast die Physis deines Vaters geerbt rühriges Pentagramm, Zurichtung eines Subjekts oder was, *dabei eine Prise nehmend.* Zwanghaft das Loch immerfort stopfen zu müssen!, Zwangfuttern und -schnupfen, das fliegende Kreuz über dem schadhaften Kamindeckel in deiner Wohnung, deinen jüngsten Brief habe ich im Umschlag leicht zerknittert an die drei Wochen in der Tasche herumgetragen : Talisman. Das Liebe, Verständnisvolle geht bei dir über die Worte hinaus und wenn man auch teils hilflos sein sollte, so muß man den guten Willen als das uns wahrscheinlich einzig Mögliche begreifen, auch bei mir ist vieles chaotisch, von beißender Trivialität, *flüchtig durcheinander ich meine Durchreisender.*

.. aus Traurigkeit, Raptus, mit seinem und meinem Kopf, meine Scheu vor Berührungen mit Menschen und Gegenständen, eine Tür mit dem Ellbogen öffnen, immer nur die linke Hand benutzen, um etwas zum Munde zu führen : die rechte greift öfter und überall zu, gibt auch andere rechte Hände, etc., oder dem Augenschein nach kleine Papiere verschlucken, was geschieht aus Eitelkeit, was unterbleibt aus Eitelkeit wer hat das gesagt, ein Wort ein Bild aus dem Halbschlaf, ich trat als Leser meiner eigenen Schriften auf, orientalische Bukolik mit Minarett, aber als ich zu lesen beginnen sollte, sah ich zu meinem großen Erschrecken, daß sich meine Bücher fast nur aus blinden Seiten zusammensetzten, auf manchen Blättern hatten sich die Zeilen ineinander verzahnt, die Lettern ineinander verbissen, ich weinte über mein Versagen. M.S. suchte mir zu Hilfe zu kommen, indem er mir immer weitere meiner Bücher vorlegte und aufschlug, aber es war überall das gleiche : die Seiten waren leer oder die Zeilen gingen ineinander über, waren überdruckt oder zerflatterten auf dem Blatt, in manchen Büchern fand ich das ursprüngliche Konzept statt des endgültigen Textes wieder, schon begann es im Publikum unruhig zu werden, viele verließen den Saal, gaben spöttische Anfeuerungen, hämische Zwischenrufe von sich, verachteten mich. Etwas das waren Hexen verwahrloste Gegenstände oder als wollten Dinge sich wieder vor mir verbergen, als wollten die leeren Buchseiten sich über mich lustig machen und mich verhöhnen, von meiner Nichtigkeit künden : als wollten sie mir zu verstehen geben, daß alles was ich je niedergeschrieben hatte, NICHTS war,

buchstäblich NICHTS, etwas ganz und gar Leeres, Nichtiges, nicht existent : was geeignet schien, Zorn und Gelächter auch in mir selbst zu erregen.
Michaux' Drogentext war mir wieder anvertraut ich meine angetraut, bis ich Blut schwitze bis meine Hände Blut schwitzen, *nichts geht mehr*.
Als Korrektur oder überhaupt, wie die Sprache sich behauptet, oder freiwillig enthaupten läßt, oder zu anstößigem Sprachgebrauch sich benutzen läßt : also entblöße ich mein Haupt vor ihr, bete sie an, behaupte mich ihr gegenüber aber nicht mehr so ungezwungen wie einst, es geht mir nicht mehr so von der Hand, obwohl sie mir immer noch unter die Haut geht. Mein Handrücken schwitzte Blut, die bläulichen Äderchen (Karawanen) zogen über meinen Handrücken hin, die Taube lag auf dem Rücken wie ein sterbender Krieger, mit in die Höhe gereckten Füßen, im kruden Licht, *oder was spielte ich in ihren Augen?*
er vergrub dann die Hände tief in den Manteltaschen, womöglich beutelte ihn die Kälte so weniger heftig, einen Halbmond und -bruder, eine düstere Freude ihn wieder zu sehen, einen halbkreisförmigen Aschenhorizont auf dem Grunde des Aschenbechers zeichnend, saß er vor mir, unsere Übereinstimmung im Fühlen und Denken schien vollkommen aber auch unser Auseinanderdenken in manchen Bereichen, also alles Verstehen zugleich ein Nichtverstehen, aschgraues Bärtchen aschgrauer Horizont : mit der abgetöteten Zigarette auf dem Grunde des Aschenbechers auf und ab fahrend, Fragment oder Schattenarm, mit meinen beiden Lieblingsbüchern im Arm, oder Schlapphut . .

eine düstere Freude und all das, oder ist es ein Verbrechen Gedichte zu schreiben, wie ein Verbrecher schreibe ich nachts Gedichte denn alles ist verboten, Wildalpen wimpernlos weht es vom Himmel (Raubwesen), oder aufs unermüdlichste das Umdiewetteläuten zweier Telephone, aus nebeneinander liegenden Wohnungen, während man die Treppe hochsteigt, synchron erst, später ins Asynchrone wechselnd, was ein großes Unbehagen hervorruft, möglicherweise das eigene Telephon! ich gehe gerne extrem, eine düstere Freude und all das, in eine andere Sprache übersetzt zu werden, bedeutet vielleicht den Wahrheitsbeweis für die eigene Sprache antreten müssen, einen Schritt vorwärts zwei Schritte rückwärts so geht mein Tagwerk, was soll ich mit deinen Briefen die immer nochmals ein Wort sagen und immer noch eine Umarmung bringen, so daß es auch aus dem Dunkel redet. Dann ist lange der Lehm und nichts vom Hauch Gottes, aber eines Tages öffnet sich der Mund Gottes und entläßt einen Atem, der alles wie von selbst gedeihen läßt, und endlich den Lehm bewegt.

Man verzweifelt am Stoff, nicht an der Form; eines Morgens der Himmel im kleinen offenen Taschenspiegel.

## 5. *Salz- oder Nacherzählen*

: meint den Geräuschen nachstellen, auch die Geräusche die einer macht, wenn er die Gedanken in der Brust seines Nebenmannes belauscht, und abliest, ihnen nachstellt bis er sie eingeholt hat, usw. In der Brust entstehen solche Geräusche auch in der Kindheit, ich hustete viel, vergrub meinen Kopf in den Kissen, um Stella davor zu bewahren, daß FEDOR sie schelten sollte, sie habe zu wenig nach mir gesehen; ich meine als Kind diese Pflanze in meiner Brust, die vielen Blumen und Büsche, haben auch immer gerauscht und gerüttelt wie Palmenhäupter im Sturm, da war immer ein Sturm in meiner Brust, ich konnte es merken, und es ging mit einem unruhigen Herzschlag einher (elektrische Intelligenz), auch hatte ich immer Angst, ich war immer ängstlich als Kind, dabei ist es dann geblieben bis heute, Stella und ich, wir waren beide immer sehr ängstlich, aber wir trösteten einander wenn einem von uns etwas zustieß, wenn eines von uns Geräusche hörte in der eigenen Brust oder sonst etwas Bedrohliches von außen, irgendwelche Drehorgeln, Papageien, ein Händeringen, Knirschen und Zungenbrechen irgendwo in der Welt, wenn das auf uns zukam, oder was gibt es noch für Angleichungen an jenen Kindheitszustand des Berstens und Krachens? innerstes Lamento, röchelnde Qual, auch Totenkopfkissen nicht wahr, dies schon in der Kindheit abgenutzt scheinende Leben (russisches Wort), *auch ausgewerkelt*, dem vielschichtigen Zustand eines Gefühls von Schmerz und Lethargie ähnlich, Finsternisse des Körpers, die Liebe zur Wiesenheimat, die Liebe zur Stadtheimat, und die jeweilige Trauer, von ihnen getrennt zu sein, die Seufzer des Kindes, wenn es sah, wie der Feuersalamander auf seinem Handrücken den schmalen Echsenkopf ruckartig bewegte so daß die Tränen ihm kamen, *das Kind mit dem Triton*, griechischer Meergott, Aquarellist, in manchen österreichischen Familien auch Trittroller genannt, auf der ersten oder zweiten Silbe betont, was etwas über den Rang der Familie verriet, *das Kind mit dem Triton*, ich, fransenbehangene Stirn, das Zweirad wurde den übrigen Spielsachen jederzeit vorgezogen, wie behend und geschickt ich mich mit dem rechten Fuß abstieß, um dann mit Schwung, aufrecht-gestreckt, beide Füße auf dem Trittbrett verankert, als helläugige Galionsfigur, dem Fahrtwind trotzend, selig dahinzubrausen, dahinzuflitzen, dahinzugondeln, in einem, wie es mir damals vorkam, atemberaubenden Tempo, daß die Holzräder bedrohlich zu quietschen begannen .. Vergangenes im Gegenwärtigen : trügerisch nah, trotzdem unerreichbar, oder täuscht manchmal der Traum mit dem Gegenteil? das knarrende Schuhwerk schräg geparkt gegen die Vorzimmerkommode der Elternwohnung, Lavendel zum Anbellen oder das Hündchen : der Seidenspitz und das Knochengerümpel, mein Gott, was da alles herumlag –

astraler Beschäftigungsdrang, Finsternisse des Körpers .. als ich in meinem Kopf umherwanderte und den Großvater wiederfand, er salutierte im Stiegenhaus, der alte Mann hob die Hand an seine Pelzmütze, schlug die Hacken zusammen, ich brauche ja nur an etwas zu denken, schon tritt es ein. Luft riecht nach frischem Backwerk, das knurrende Räuspern, knorrige Schnauben, lispelnde Ächzen nicht wahr, ein Salz- oder Nacherzählen in meiner Brust, den Geräuschen nachstellen in meiner Brust, den Geräuschen nachstellen, die in der Brust entstehen, im Herzen. Er, Großvater, in meinem Kopf, machte ein paar Tanzschritte auf dem Parkett, verhielt in der Mitte des Zimmers, aber es war ein Veitstanz, es war sein Veitstanz und ich sah dann sein Knochengerümpel, wie es überall in der Behausung umherlag, wie alles in sich zusammensackte, wie alles überall auf dem Boden verstreut war, Geräusche bei beginnender Lungenentzündung, das Knarren, Knistern, Rasseln und Rascheln, das Knirschen und Knautschen des Kirschbaums während ich ihn bestieg, während ich mich in die Lüfte schwang die ersten Kirschen zu pflücken und alle, die ganze Familie zu mir emporstarrte und mich beschwor, augenblicklich herunterzukommen, eine Menge Knochengerümpel, geduckt zog ich ab, geduckt und verblüfft und erschüttert, meine Halsmuskulatur, meine Rückenwirbel waren schmerzend verrenkt, jede einzelne Faser und Phase mußte drei Wochen durchgestanden werden, die Augen richten sich nach innen, wenn ich daran denke; so würde ich alles wiederfinden, auch die goldenen Schmetterlinge und wie ich hinter ihnen herzappelte, nicht um sie zu fangen, ich erinnere mich nicht, je Lust dazu gehabt zu haben, sie mit dem Kescher zu fangen und nachher aufzunadeln, nie niemals hätte ich einem solch zarten Wunder nachstellen wollen, in der Absicht, es in meinen Besitz zu bringen oder zu

töten. Ich besaß eine Botanisiertrommel aus Blech zum Umhängen, mit bunten Blumen bemalt, aber sie füllte sich nie ..
später richten sie sich wieder nach außen und sehen daß der Frühling wirklich angefangen hat und die Vermehrung (»Vermeerung«, A. Thomkins, 1979) von Grün inzwischen angekommen ist und da ist : *dunkel aus einem Tulpenstrauß*, die schönen pflaumenblauen Gewitterwolken im Frühling, dieses Bild war einmal ein Traum von mir, diese Naturzusammenhänge, zwischen den Rosendornen, Beschwörung der Schatten, was ich von natürlichen oder himmlischen Dingen gesehen habe, will ich bewahren, ganz zu schweigen von den übrigen Wechselbeziehungen (Götterpflicht, usw.), ich brauche ja nur an etwas zu denken, schon tritt es ein, und viel wäre schon bald geschehen, so menschenfremd wie ich bin. Aber, um mit den obskuren Geräuschen fortzufahren : das gewölbte Wasser des Wehrs, in der Wiesenheimat, das runde glatte Wasser des Wehrs im Ohr, und wie es immerfort glänzend und rauschend in seiner Bewegung stillzustehen schien, oder das Schnalzen und brüllende Aufheulen in der einzigen Wirtschaft des Orts, wenn der Wortführer das *Lachkarussell* einer Tischrunde automatisch in Bewegung hielt, schon fieberten sie, einige Augenblicke zur Ruhe gekommen, dem nächsten Stichwort entgegen um von neuem loszubrüllen, und immer so fort ..
FEDOR / VATER liebte das Pfeifen der Lokomotiven so daß er immer Lokomotivzeitschriften ins Haus bestellte, an den Geburtstagen bekam er Lokomotivbücher von sämtlichen Familienangehörigen geschenkt,

ich höre die Nachtigall, ich höre gerade ein Käuzchen, den Uhu, die Schreie der Frauen ich meine Fasanen, ein Fauchen, ein Schnee aus Erregung, eine närrische Wolkengesellschaft, am Morgen gleich nach dem Erwachen das Gefühl von Zerstörung in meinem Kopf, das Verlangen, mir die Haut über die Ohren ziehen zu wollen, um wieder einschlafen zu können, nichts mehr hören und sehen wollen, aber insgeheim auf der Suche nach der sich einst so befleißigenden Phantasie, sie jedoch nirgends auffinden können, sie stellt sich nicht wieder ein, hat mich aufgegeben, verlassen, ach wie stehe ich da, eine Empfindung vollkommener Erniedrigung hat mich erfaßt, *Subordination auf allen Linien* oder als literarischer underdog grüße ich aus meiner Versteinerung usw., *das Herzzerreißende der Dinge*, wer hat das gesagt, manchmal weiß ich nicht mehr wo es herkommt, okkulte Zitate oder was, pausenlose Kurskorrektur während der Reinschrift, *das Herzzerreißende der Dinge* : ich verspüre eine große Sehnsucht danach, aber es stellt sich nicht ein, Finsternisse des Körpers; und kehrt man von einer Reise zurück, wartet man ungeduldig darauf, daß die offene Wunde sich wieder schließt : die schmerzlichen Erfahrungen einer Unbehaustheit, die zu entstellen drohten, die quälenden Zustände selbstentfremdender Unwirtlichkeit.
Der Mai und das Unerwartete, drei Küsse in der Erinnerung, und viel wäre schon bald geschehen, ich lasse mich in meine eigenen Arme fallen, aber wenn ich den geringsten Fehler mache, zwickt mich der Magen oder ich schlafe schlecht, ich habe gar nichts geschrieben nur dem überwältigenden Frühling zuge-

sehen, jeden Morgen im Garten, ich bin durch den Garten gestreift, habe die Bäume und Blumen betrachtet und sie bewundert, sie beneidet wie sehr sie sich erneuern können so bar jeglicher Anstrengung, wie schwer fällt Erneuerung uns!, habe den Himmel durch meinen Kopf ziehen lassen, die schrägen Schwertlilien, Tulpenschlangen, Granatwälder, die Pflanze spricht alles ununterbrochen, alles durch alles was wir brauchen sagt sie, aber es fehlt uns die Erkenntnis, es zu lesen und zu verstehen.

Viel wäre schon bald geschehen, auch daß ich hinter seine Zeilen hätte blicken können, ich spreche von M. S., ich sehe ihn vor mir mit Pfauenhaube und blassem Auge ein weinendes Kind, das habe ich gut behalten, eigentlich alles was wir lieben schützt uns, wir stiegen durch das Blumengewirr, durch den Vogelgarten, ich sammelte Knoblauchblätter im Frühlingswind .. ich bin erkenntnislos ich bin *einbildungslos* geworden, scheitere jeden Morgen an mir selbst. Aber ich habe in seinen Gedanken gelesen, oder : man könne ganz leicht in seinen Gedanken lesen, entfuhr es mir später. Vielleicht war es unseren immer noch in einander verschränkten Nervensystemen zuzuschreiben gewesen, daß wir im nämlichen Augenblick das gleiche dachten, daß wir die gleichen Empfindungen hatten, die nämlichen Reaktionen auf Ereignisse der Außenwelt zeigten, die gleichen Neigungen, Abneigungen offenbarten, es entsprach beinah einer Deckungsgleichheit so daß ich mitunter etwas wie Scham empfand angesichts solcher *Doppelgängerei*, dem Umstand nämlich, mich jederzeit in ihm gespiegelt zu finden.

Kleine Pulte Altäre, oder habe ich nicht gesagt überall in meiner Wohnung stehen sie herum, eigentlich Behelfstischchen, Ablagen, aus leeren umgestülpten Kartons und Kisten gefertigt, aus gestapelten Telephonbüchern was weiß ich, aus natürlich angewachsenen Anhäufungen von Gegenständen, die es erlaubten, weitere Gegenstände darauf abzuladen, an solch einem Morgen wenn man tief in der Verzweiflung sich befindet, weil man gänzlich zerstört und verloren ist und an sämtlichen Stellen seines ehemals so intakten Leibes durch UNGESTALT sich verhöhnt fühlt, öffnet man das Fenster, das schon kaum mehr betretbar ist, weil umstellt von Unrat Übungen Schriften, wie man sie überhaupt nicht mehr benötigt, deren man sich jedoch zu erwehren nicht mehr die Kraft findet, an einem solchen Morgen also, wenn man das einzige Fenster öffnet – : nein, nicht um sich hinauszuschwingen : soweit ist es noch nicht gekommen –, merkt die Nase daß die Morgenluft erfüllt ist vom Duft ferner Gärten und Wiesen .. alles, man hat es so lange entbehrt .. dann kommt das altgewordene Taubenpaar angetrippelt, ich erkenne die Vögel an zwei Merkpunkten wieder, das eine Tier trägt am linken Fuß eine mißgestaltete Kralle, das andere eine Kerbe im Flaum seiner Brust .. oder habe ich nicht gesagt daß sie auf und ab trippelten auf dem Fenstersims und neugierig zu mir äugten gerade im Augenblick meiner tiefsten Erniedrigung und Verzweiflung und ich mich dabei ertappte mir vorzustellen, es sei FEDOR der mir in einer der beiden Tauben erschienen war, um mir Trost zuzusprechen. Ich füttere die Tiere aus meiner Proviantdose die ich immer zur Hand habe, aber sie

lassen die Gaben unberührt, sehen mich fragend an. Ich habe die erste Schwalbe des heurigen Jahres vorüberpfeilen gehört, nein nicht gesehen, ich habe sie nicht sehen können, weil ich in die Lektüre vertieft war, nur gehört, ich habe sie eben nur hören können, natürlich habe ich sofort aufgeblickt, den Kopf in die Richtung gerissen, woher dieses Pfeilen gekommen und wohin es verrauscht war, ich habe begierig nach diesem ersten heftigen Schwalbenschrei ausgeschaut, aber der Vogel war nicht mehr zu sehen; auch nach dem Pärchen, aber sie blieben verschwunden, nur mein Ohr empfing noch ein Echo des Schwalbenschreis und ein Echo des Taubengeflatters, wie einen *Ton aus der Ferne*, etc.
so wie ich mich jetzt hinschleppe, oder habe ich nicht gesagt, nur in den Nächten komme ich in die Nähe in meine Nähe, es gelingt mir, mir selber nah zu sein : da liege ich dann auf meiner rechten Schläfe und versuche nachzudenken, ich weiß nicht worüber, ich denke über dieses und jenes, ich denke über alles nach, und darüber schlafe ich dann auch wieder ein, und einmal mußte ich einen spitzen Gegenstand, eine Nadel? von meinem Lager pusten, sie hätte mich womöglich durchbohrt, während ich irgendwelchen Traumspuren folgte, so bin ich umstellt von Gefahren tatsächlich auch nachts, ich weiß ja nicht, ob nicht ein Bild sich vom Wandhaken löst und auf mich fällt und mich erschlägt oder eines von diesen trostlosen Wandplakaten auf mich herniedersegelt und mir die Reißnägel, mit welchen es im bröckelnden Putz der Wand befestigt war, in den offenstehenden Mund streut so daß ich sie am Morgen dort vorfinde, das

schlimmste wäre freilich, mir vorzustellen, ich hätte die Nägel ohne mein Bewußtsein bei Nacht heruntergeschluckt, also während des Schlafens, und welche Folgen dieser Umstand dann gehabt haben könnte, ich meine wütende Folgen, etc.

eine Teufels-, Air-, oder Trauermusik vermutlich, derlei Stimmen höre ich immer wieder, ich frage mich, ob ich einem Produktionswahn unterworfen bin, *wie man so was hinschreiben kann* .. das wache Leben ist mir verlorengegangen, ich lege nie ein Thema, einen Gesprächsgegenstand auf den Tisch, dazu bin ich zu befangen, dazu bin ich nicht sicher genug, aber ich sauge jederzeit andere Leute aus, wenn sie reden, wenn sie schreiben, im tiefen Mais. Eine Art Unbehagen, auch Eilfertigkeit, wenn das Zimmer sich um mich zu drehen beginnt, oder ganz über mir einzustürzen drohte bei Nacht, ich versank immer wieder in seinem Blick, ich spreche von M. S., und ich merkte, die Gespräche, das Messerschleifen, das Wetzen der Klingen, Gedankenwetzen und -wälzen wollte nur noch versuchsweise, oder sporadisch, gelingen. Habe ich nicht gesagt daß ich einen Anlauf nehmen mußte um nach- und mitzukommen, daß mir die Fähigkeit abging, Brücken zwischen Gedankenpfeilern zu schlagen, daß mir dann alles mißlang, daß ich dann nur noch hinter ihm hertrotten, mich hinter ihm nachschleppen konnte, daß ich endlich nur noch durch ihn, in ihm, mich wiederfinden zu können glaubte, was mir ein Gefühl schmerzvollster Angst und Abhängigkeit beibrachte, ich sah meine Finger und Zehen abfallen, verrenkte den Kopf *oder im Kaiserleib*, hinter den weißgrauen Stores eines Gasthausfensters sah ich das Blecken einer jugendlichen Blondine, in einer entlegenen Vergangenheit ich weiß nicht, ihr Kleid war ihr Kleid ihre Mantelhaut, ständig von Grün zu Blau wechselnd später zu Rosa.

## 6. *»sechs Erscheinungen Lenins auf einem Flügel«*

daß der Wind seine Stimme nicht nach allen Seiten verstreue, hielt er die Hände als Trichter vor seinen Mund und begann zu rufen nach mir, ich spreche von M. S., meinen Namen auf der Straße, daß alle Passanten stehenblieben, um nach ihm und mir, die ich endlich aufmerksam geworden war, zu blicken während mir ein ungewohntes Licht zu teil wird und aufging, ich meine kaum hatte ich mich in diese Richtung getastet, kam schon dieser Brief dieser dein wundersamer Brief, eine geistige Schwingung oder was, ich weiß noch genau die Stimmung an diesem Morgen und wie ich unschlüssig zwei- oder dreimal an dem Buchladen vorüberging, endlich dann doch eintrat, um mir dieses Buch, das du mir in deinem Brief empfohlen hattest, zu kaufen, was sage ich da, alles nur teilweise bewußt gewordene Vorstellungen, schnelle Andeutungen, im Grunde beherrscht mich das Verlangen zu äußerster *Sprechzurückhaltung*, eigentlich möchte ich gar nicht mehr sprechen müssen. Wer hat gesagt, mit der Zeit wird der begehrte Körper nicht mehr sein. Und wenn der begehrende Körper aufgehört hat für den anderen zu existieren, ist das, was bleibt, eine Wunde ohne Körper : das trifft sich genau mit dem was ich fühle, dir und M. S. gegenüber, er rief mir dann mit diesem Trichter an seinen Lippen zu, *ob ich schon gevespert hätte und wenn nicht, ob ich mit ihm vespern wolle, etc.* – das hatte ich vergessen zu erwähnen – man denkt, denkt

nach, wir schwimmen alle in so vielen Gedächtnissen, alles ist so dick, warm, geheimnisvoll, manchmal wird es plötzlich ganz hell, und man wird emporgeworfen. Alle Antworten insgesamt wahr und falsch also Worte und nochmals Worte, unser Leben gleicht einem Delirium, einem grundlosen Wasser, außerordentlich, auch gemein, und im Hintergrund immer der Wahnsinn, hast du es gemerkt wie wir nur *ein* Mensch sind und dennoch : die seligen Beunruhigungen der Liebe sind vergangen, ich meine diese *Naturzusammenhänge*, sind abgelöst worden von dieser Todes- und Zornessucht, usw.
Das war mein letzter Anfall, was sage ich da, es ist als ob wir alle Altersstufen gleichzeitig in unserem Kopf herumtragen müßten, oder habe ich nicht gesagt daß ich gestern um Jahre gealtert bin, daß ich heute morgen zu meinem wirklichen Alter zurückgefunden habe, zuweilen auch weit zurück in die Jugend, und immer so fort, unbekümmert entspannt, eine Mauserung!, dann wieder ein Schlottern, Gefühle des Überdrusses, der Demütigung durch Unbeweglichkeit usf., mein verfaulender Name zum Beispiel, und mehr und mehr im Somnambulen herumtorkeln und sich herumstoßen lassen, weil mich ohnehin alle stoßen verstoßen verlachen verhöhnen, aber weil ich das alles schon gewohnt bin, weil sich das alles schon hundertemale ereignet hat, kann ich über alles hinwegsehen oder ich kann mir einbilden, daß ich über alles hinwegsehe, und es schließlich für gerecht und dem Lauf der Dinge entsprechend finden, selbst durch die besten Freunde beiseitegeschoben, vergessen zu werden, während sie mir zurufen, DORT KÄ-

FERT ES WIE UNTER WASSER : DER VETERAN (der ich bin!), und so fort, ein Kaiserleib, dann kam wieder ein Tag, an dem ich jedem der mir auf dem Bürgersteig entgegenkam in den Weg geriet, ich meine ich steuerte direkt auf ihn zu ohne es zu wollen, ich steuerte geradewegs auf diesen Unbekannten zu, der mich schon angepeilt hatte, ehe ich mich noch auf ihn losgelassen fühlte, ein Zusammenstoß schien unvermeidbar und vorbestimmt, jeder gegen jeden mit dem Kopf gegen den anderen Kopf, so daß ich nicht umhin konnte, gegen jeden mir Entgegenkommenden anzurennen – du kennst dieses aufreibende Spiel auf der Straße auf dem Bürgersteig, dieses im letzten Augenblick noch auszuweichen Trachten, dieses beschämende Ausweichmanöver, jemand kommt dir entgegen, peilt dich geradezu an, ein Magnet!, versucht noch geschwind auszuweichen, springt zur Seite, du aber auch, ein lächerliches Patt kommt zustande, und man läßt einander nicht mehr aus den Augen, es ist verrückt, der Kopf des anderen schrumpft zusammen zum Augenpaar, er hat so einen kleinen Kopf, Stecknadelkopf, *oder topless ein Stubenküken*, wie es so ohne Kopf noch ein wenig umherrannte, wenn man das Glück im Bilde nicht sehen will, das sagt sich wohl mancher, der mich von vis-à-vis in meinem unverhüllten Fenster beobachtet, habe ich nicht gesagt einmal möchte ich mich selber von gegenüber beobachten können, ohne daß mein am Ort verbliebenes Selbst es merkt, was mich da alles erstaunen, erschrecken, befremden würde, Ekelgefühle, gesteigerte Angst .. schließlich vertraute sie mir an, ich spreche von Laura, sie habe von allen

Orten, an denen sie sich während ihrer kurzen Reise aufgehalten hatte, an sich selbst nach Hause Postkarten und Briefe geschrieben, also statt an M. S. an sich selbst, um auf diese Weise zu vermeiden, daß er sich weiter von ihr zurückziehe, was er zweifellos getan hätte, hätte sie ihn durch briefliche Anreden genötigt, sie anzuhören, oder habe ich nicht gesagt ich hätte ihr geantwortet MIR SELBST WÄRE SO ETWAS NIE EINGEFALLEN, weil ich ein phantasieloser einfallsloser Mensch bin, und ich zeigte ihr meine Bewunderung, ich gab ihr meine Bewunderung zu spüren, ich bewunderte sie für ihre Zurückhaltung und den Verzicht auf seine Gefühle, etc., oder habe ich nicht gesagt, diese Praxis hätte ich gerne für mich selbst und für meine Schriften übernommen, nämlich Briefe an mich selbst zu richten, aber andererseits sei derjenige, dem ich schreibe, ohnehin so etwas wie mein anderes Selbst, also stünde alles zum besten, sogar die Fabel.

Oder was soll ich von diesen Peripetien berichten, außer daß ein Dämmerungshimmel aufzog in meiner Wohnkiste und ich würdelos und verdrossen auf meinem schmalen Teppich saß, vor dem Fenster, und hinausstarrte in die gelbliche Landschaft der Nacht, mein Leben hat sich in diesen kleinen Zwischenräumen abgespielt, Höhepunkte gab es wenige, vielleicht einige Wendepunkte das ist nicht zu leugnen, nur waren sie für mich in ihrer jeweiligen Gegenwart kaum zu fassen, da sind die Ausgangspunkte, die Wallfahrten, die Rührung vor einem Bild, die Erregung beim Hören einer Musik, die Anfälle inmitten langer beweglicher Schatten, mein ans Fenstertreten, mein Hinüberblicken auf das gegenüberliegende Haus : durch den malvenfarbenen Tulpenvorhang hindurch (in der Vase, am Fensterbrett, fransige Rüschen), so daß das Taubenpaar ängstlich zurückweicht, und drüben mich, sitzend, erblicken, wie ich herüberblicke in meine Wohnung, von drüben hierherblicke wo ich in Wirklichkeit sitze, dem Gestade ein Lebewohl, und wie ich mir selber winke, ein alter Stich, seltsames Bild, »sechs Erscheinungen Lenins auf einem Flügel«, oder »unserer lieben Frau sechs Finger«. Was ich am häufigsten in den Gesichtern der Menschen lese, ist die Überraschung, ihr folgt die Teilnahmslosigkeit, die Enttäuschung, Mißbilligung, Verachtung, die Verlogenheit – eben das Brachland. Taubnessel, mit altem Plunder ausgestattet mein Zimmer wo ich mich jeden Abend mit Krokussen zu Grabe lege, eigentlich bedeutet die Bewerkstellung der täglichen Pflichten eine große Belastung für mich, ich meine eigentlich verrichte ich alle Handgriffe mit eiliger und unschuldiger Oberflächlichkeit, als wollte ich möglichst ohne Aufenthalte zum eigentlichen Kern meiner Tagesarbeit vordringen, nur keine Störungen!, sitze ich dann endlich vor meinen schmutzigen ungeduldigen Blättern, tut sich ein schrecklicher Abgrund auf und ich empfinde nichts als Leere, gräßliche Leere und starre Mattigkeit, Abstufungen krasser Farben, auffallende Zerrissenheiten und Krisen, die Verlorenheit des Skribenten. Vor meinen geschlossenen Augen ziehen die Bilderreihen vorbei aber ich kann sie nicht bannen, ich habe mich jetzt eingeschlossen in meine Behausung und vollkommen abgekehrt von jeglichem Lebensverkehr, nur essen und schlafen, außerordentlich mönchisches Brüten, bläuliche sehr leuchtende Tastatur eines Flügels, nach Dalí, das ist mein Gedächtnis, ich denke mir die Abweichungen aus, ich habe von drüben mein Fenster wiedergesehen, ich habe Dächer und vertraute Mansarden auftauchen sehen, die Orientierungszeichen auf meinen Spazierwegen durch mein Zimmer, in sonniger Frühe, die Gewißheit, daß man in dieser wohlbekannten Fremde immer schon war, ich habe gebummelt, bin eine Runde gelaufen, wieder zurückgekehrt, oder ich bin voll Müßiggang, bin Konformist, Jasager, Feigling, Nichtstuer, Nichtswisser, höchst ungesellig und teilnahmslos, egal um welchen Blickwinkel es sich handelt. Bücher muß ich besitzen, um mit ihnen einen langen, glücklichen Umgang haben zu können, ich muß sie an mich drücken, sie unter das Kopfkissen legen, zu Boden fallen lassen können, ohne denken zu müssen, daß ihnen dieses Umgehen womöglich nicht bekommt, ich muß ihnen an den Leib rücken dürfen, sie mit Kreuzchen, Malen und Strichen tätowieren dürfen, und, wenn sie schmal genug sind, muß ich sie umschlagen können wie ein Notizbuch, um einhändig, im Bette liegend, mit der anderen Hand daraus exzerpieren zu können, *dabei eine Prise nehmend* –

ach wie gut es mir geht, ich werde nicht eunuchisiert oder kastriert nur manchmal die Haare ich meine manchmal passiert es den Haaren, daß sie beschnitten werden, ich kann noch das Fenster öffnen, in einen prächtigen Maimorgen, noch kann ich es öffnen, und der Frühling mit seinen violetten und weißen Dolden, der Erdball ebenfalls. Der Erdball allenfalls veränderbar, *nicht zerstörbar*, dieser Erdball ist unzerstörbar, das ist meine Version von Trivialphantasie, wer hat das gesagt, du mußt wieder den Kopf heben, in die Höhe strecken, du mußt den Kopf heben, nicht immer zu Boden starren, als hättest du da was verloren, nein!, in die grünen Baldachine der Bäume hinein schwärmen, die Augen müssen da hinein schwärmen und schweben und weiter hinauf, ins unberührte Blau in diese seraphische Bläue : davon wirst du ganz leicht werden und in das steile Jubilieren der Frühlingsvögel einstimmen können, und die Punk-Pärchen rosa und grün überall hier in den Straßen, und du wirst für Stunden, oder Minuten, alles erträglich, ja, beglückend und wunderbar finden, die Erde wird leicht sein für dich, ein Eden, wer hat gesagt SOMETHING LORDLY, auch ist der Lichteinfall dann ein verschiedener .. habe ich eine Suggestion von M. S. empfangen oder was; er bietet mir seinen Blick, aber aus einem Winkel, daß ich annehmen kann, es habe nicht mir gegolten, seine Schriften erscheinen gleichsam unter Ausschluß der Öffentlichkeit, also Ansammlungen von Blut, Blutstau im Hirn, in den Augen, manches scheint mir ein wenig überschäumend formuliert aber äußerst wichtig und wahr, trotz seinem sehr intensiven Stil oder gerade deswegen ist es schwer, auf kleinem Raum darüber Eindrücke zu gewinnen .. in irgendeiner Biegung oder Verengung, auch bin ich schon froh, wenn mir gerade nichts weh tut, dieser tägliche Schreibakt, zumeist vergeblich, Täuschung bei wachen Sinnen, dem Gestade ein Lebwohl. Eigentlich träumt man immerzu, das mit der Vase zum Beispiel am Fenster, ich habe versäumt es zu sagen, die Blumen in einer Reihe stehend, malvenfarbene Tulpen, ein siebenarmiger Kerzenleuchter!, dazwischen Eukalyptusgrün, das ist eigentlich alles aus den Büchern herausgesprochen, er hatte sich mit dem Sturzhelm gekrönt, ich spreche von M. S., das habe ich gerade noch mitbekommen, keine Autobiographie dennoch authentisch, dann schaufelte wieder die Krähe am offenen Fenster vorüber, oder wie sieht die Welt aus der Sicht eines Vogels aus, einer Schwalbe zum Beispiel, welche die Konturen der Wolke nachzeichnet während sie fliegt, oder aus der Sicht des Hundes, der aufblickt zu mir in der Straße? Habe ich nicht gesagt mir komme vor, ich sei nur durch das Betrachtete anwesend und am Leben, diese verrückte Optik!, damit hatte M. S. recht, als er auf meine Feststellung, ich stünde außerhalb jeder Gesellschaft und jeden Zusammenlebens, außerhalb jeder Familien- und Freundschaftsgesellschaft also überhaupt irgendwelcher Gesellschaften, mir entgegnete, daß ich, in dem Maße als es mir gelinge, abzurücken, mich zurückziehen zu können – nur durch beobachtende Blicke mit der Allgemeinheit verbunden – in immer umfassenderer Weise ein Anwesender und Mitspieler würde : indem ich, mich ausklammernd, die Gesellschaften nur beobachte, sei ich lebendiger als sie, das sei meine Standortbestimmung, das sei meine Art von Selbstbestätigung, eine mir gefällige und zukommende Ordnung, kniend in betender Haltung. So habe ich mein Fenster wiedergesehen, und einen mich bewegenden Traum wiedergeträumt, in welchem ich meinen verstorbenen Vater mit dem Schulranzen auf dem Rücken als alten Mann

wiedergesehen habe, wie er seine Schulklasse anführt und dabei einem Schutzmann gleich in die Mitte der Fahrbahn tritt und den Verkehr zu regeln beginnt, um seinen Schülern das Überqueren der dicht befahrenen Straße zu erleichtern, sowie die Wiederkehr zahlreicher bemerkenswerter Motive, das bedeutungsvolle Tier zum Beispiel, *ein Fuchsenjunges*, das verantwortlich dafür war, daß genügend Süßspeise für die Kinder vorrätig sei, und wie die beiden Hengste im Vorzimmer auftauchten, Seite an Seite, die dunkle Mähne des einen neben dem blonden Schweif des anderen Tieres, Pferdepatron, und die Zustände, die Stimmungen, alle in Leideform!, wenn Laura mir etwa zuflüsterte ICH HABE MICH PHOTOGRAPHIEREN LASSEN, nicht : M. S. HAT MICH PHOTOGRAPHIERT, ich meine in dieser Stellung und unbekleidet, etc.
Ich lüge, ich lüge ja unausgesetzt, so gerät man in immer ärgere Verstrickung und fürchtet wahnsinnig zu werden – wer hat das gesagt WOLKENLOSE DINGE – so befinde ich mich in einer Krise, in einem verworrenen und zerfahrenen Zustand, auch Hinfälligkeit nicht wahr, eine Teilnahmslosigkeit hat mich erfaßt, auch ungesellig, Gehirnzellen als Delphine, das Hirngewächs welkt, wie Rousseau sie gemalt hat, zischen die schönen blaugrünen Schlangen vor deiner Behausung, aber ich sehe ja alles nur in meinen Gedanken, die wilde Sonne, die Rosen, Schwertlilien, schattigen Lauben, Granatwolken : bald Atemanhalten, bald Augen schließen, bald dieser Ausbruch von Tränen . . Schild des Auges, die müde gewordenen Lider, das Auftauchen der korrespondierenden Farbe, jener, die ich mit offenen Augen wahrnehmen kann, entgegen-

gesetzt, und hinter den Lidern blühende Sommerlandschaft –
wenn die Luft still und die Erde besänftigt scheint und rundum Farbe und Schönheit herrschen, zieht es mich unweigerlich hinaus, und ich bräuchte einen Bauchladen als Schreibmaschine (dreh es um, wenn du willst), um auch während des Gehens meine Gedanken fixieren zu können, oder wie man das so sagt, ohne Anspruch der Außenwelt. Aber ich lese während des Gehens in einem Buch, habe viel Basislektüre aufzuholen nicht wahr, stoße mit Menschenköpfen zusammen, *es ist lange nichts im Kopf und dann ist plötzlich etwas auf dem Papier usw.*, also ein Idiom, das man selbst kaum versteht, erst im nachhinein kann man erkennen, wohin es einen getrieben hat, mit dem Blick des Melancholikers durch ein kleines Spähfenster auf diese Welt .. *schreiben : nicht um von anderen verstanden zu werden, sondern um sich selbst verstehen zu können* – IST DAS SO? ich weiß keine Antwort darauf .. das Fortsetzen, das Fortgesetzte der Bilder .. manchmal kommt es mir vor, als seien die Vorbilder allesamt ungesichert, die Einstellungen ungenau, die Erinnerungen verwischt, eine zeitliche und räumliche Desorientierung ist spürbar, jeder Titel narzißtisch.
Amoritäten!, mit einem Hirn-Auge immer in Richtung Bergdörfchen, obwohl nicht mein bevorzugtes Klima und desolate Wohnverhältnisse, gibt es dort etwas, was mich besonders anzieht, ohne daß ich sagen könnte was es sei, wenn es ein tropischer Sommer wird wie im Vorjahr, werden die äußeren Bedingungen die günstigsten sein, Gottseidank so

wird die Welt nicht arm, und die Dichter sind mehr denn je Stützen unserer Gesellschaft, mit den vielen Federn und Federkielen, wenngleich dieses Bild ein wenig obsolet ist.
Bin so versessen darauf, nichts gelingt mir, eine anhaltende strenge Übung wäre vonnöten, meist nur stammelnde Raserei, leere Besessenheit, wie wenn man betrunken wäre, aber das ist kein Ausgangspunkt, mein Leben hat sich in kleinen Zwischenräumen abgespielt, das Getrippel auf den Simsen, das Flüstern an der Tür, die erstarrte Naturträne, die warme Schulter, etc. So war der Tag umgestülpt und auf den Kopf gestellt, weil ich am Morgen mich schon an die Maschine gesetzt hatte und bald darauf erstaunt feststellen mußte, daß es früher Nachmittag war und ich immer noch dasaß so wie es mich aus dem Bett getrieben hatte und daß ich mich angesichts der sinkenden Sonne zu waschen und anzukleiden begann als habe der Tag gerade erst angefangen, mit der Schwerfälligkeit eines Tiefseetauchers, oder im Zungengebrauch, *diese Mündlichkeiten diese unsere Mündlichkeiten* halten uns ja meist vom ernsthaften Schreiben ab, wir entlassen zu schnell die ungereimtesten niedrigsten Dinge, statt sie bei uns zu behalten und auf ein fernes Ziel zu verpflichten, und zu verwandeln, das ist meine Geschichte ich meine das ist mein Schicksal, das Schmettern einer Amsel in einem Baum, als ich 1938 an der Ostsee war vielleicht eine Möwe ich weiß nicht, aber manchmal kommt es mir vor, das Grün der Schnurbäume sprieße geradewegs aus dem Stamm, statt aus Ästen und Zweigen, oder was man einfach so aufsagen kann, ich habe Angst,

körperlich mit der eigenen Haut, *nur keine Anekdoten, ich fürchte mich vor Anekdoten*

## *7. Göttlich- und Schädlichkeiten*

ich zwinkere mit den Augen, ich sehe nichts, ich habe die falsche Brille aufgesetzt, diejenige die mir das Nahe noch näherrückt, usw., so daß ich die eben gepflückten Blumen in meiner Hand, ich meine daß ich sie in meiner Hand liegen spüre, daß ich spüre wie sie in meiner Hand atmen, sich regen / zartes Geschlecht /
immer von neuem seinem Charisma erlegen, ich spreche von M. S., vor kurzem neuerlicher Rückfall. Früher konnte ich mich nicht unempfindlich also unempfänglich machen, kein Gegengift in mir erzeugen – aber kann ich es jetzt? Es kommt ja oft noch nach Jahren äußerster Distanzierung zu Rückfällen, die W-Alliteration als Umsetzung der Wehklage, oder : das F ist der Laut, bei dem die Luft und damit tendenziell das Leben ausströmt (in solcher Unnachgiebigkeit, in solcher unnachgiebigen Wiederholung bestimmter Wörter), so kam ich nur wie ein Schatten auf, Kratzung und Unterschlupf aus der tiefsten Tiefe der Nacht, oder vergebliche Schreibbewegungen machen : die Buchstaben mühevoll in die Luft zeichnen .. jeder Titel ist narzißtisch, ich bin so versessen darauf, aber nichts will gelingen, meine Schreibbesessenheit scheint ins Leere verpuffen zu wollen, ohne daß ich dafür Gründe finden könnte – geht es bloß um das Aufzeichnen von Vorstellungen, Stimmungen, Wahrnehmungen, Zuständen, Positionen? und dann, als wir ein paar Minuten schweigend einander gegenüber gesessen waren, sagte M. S. plötzlich, er

hätte etwas vorzubringen, wofür er sich schon im vorhinein entschuldigen müsse, weil es mir unangebracht und ungerecht vorkommen könnte : daß ich nämlich so etwas wie Memoiren zu schreiben im Begriffe sei, was man aber gleichzeitig auch wieder bestreiten und anzweifeln müsse, damit das, was gesagt wird, in die richtige Lage käme, das richtige Gleichgewicht finde; dann haben sich die Bilder wieder zusammengeschoben, dann ist der schwere schwarze Vorhang wieder heruntergefallen, später ein Bild ich weiß nicht, vielleicht in einem Traum : sein bräunlicher Finger im halbgeöffneten Mund, zwischen den Zähnen, eine dicke Zigarre?, alles hinter Rauchkringel versteckt, aber das ist alles nicht wahr, das stimmt alles nicht, das ist alles gelogen, er ist kein Zigarrenraucher, oder habe ich nicht gesagt seine vergangene Wirklichkeit (Körperanschmiegung) –
als ob ich betrunken gewesen wäre, betrunken gemacht worden wäre, du weißt, der heiße Wein setzt mir zu, nach so vielen Jahren ihn wiederzusehen, plötzlich und unerwartet, vielleicht war es ein Doppelgänger ich weiß nicht, ich hatte so etwas wie einen Rückfall erlitten, ich weinte viel und mir schien, es trieb uns wechselseitig, einander zu verletzen, ich bedaure es, und es schmerzte mich mehr, ihn verletzt zu haben als von ihm verletzt worden zu sein, er nannte mich TÜCKISCH ich weiß nicht, er sagte DIESE TÜCKISCHKEITEN, er sagte nicht TÜCKEN, er sagte TÜCKISCHKEITEN, DIESER TÜCKISCHE GESICHTSAUSDRUCK, DEIN TÜCKISCHER GESICHTSAUSDRUCK, und er beklagte mein störrisches Wesen, aber er sagte STÖRRIG, nicht STÖRRISCH, so komme ich plötzlich an

einen Punkt, oder es geschieht plötzlich, daß es mir aufgeht, wie ich es anstellen könnte, mich verständlich, begreiflich zu machen, im Grunde ist das ganz einfach, sage ich mir, ich ziehe die Linien nach, die er mir vorzeichnet, die Chinesen, die Einsilbigkeit, die Phänomene, der Mondwechsel .. Verfinsterungen der Sonne : heute zu zweiundvierzig Prozent, in Zentralmexiko wird sich die Sonne heute vollkommen verfinstern, wir gingen durch den II. Bezirk in Wien, ich habe spurlose Jahre hinter mir, genauer, sie haben keine Spuren in mir und auf mir hinterlassen, keine Tätowierungen. Der Motorradfahrer, der bei der Kreuzung anhielt, so daß ich ihn betrachten konnte, trug als einzige Bedeckung des Oberkörpers eine Tätowierung die kaum eine Stelle der Haut freiließ, bei diesen tiefen Temperaturen, denke ich, aber es ist vermutlich ein Traum, das ist mein Blatt, grün überschwemmt, sobald ich von einer mit Rotstift bekritzelten Seite meines Notizbuches neben mir aufschaue, oder was bedeutet das Wiederkehrende der Farben in den Anzügen der Passanten, das sportive Camel, das militärische Drapp, das explosive Rot und Orange, das bedächtige Dunkelblau, das trostvolle, verläßliche Grün, und mehrere um ihre Vorherrschaft zu ringen scheinende Signalfarben auf einem einzelnen Kleidungsstück, Papageientracht eben. Und den Schirm, ganz zeitgemäß, mit dem Griff nach oben wie ein Gewehr geschultert, am langen Riemen die Umhängetasche über der linken Brust gekreuzt, ein Crescendo, Diminuendo : die dünnen Zöpfchen, einzelnen Haarkringel, im Nacken, unter der Kurzfrisur vorlugend, ich meine das bedeutet doch alles etwas!,

drei Möwen, ein Schwan, das winzige Türkenmädchen (tückisch?) mit ihrem *fundamentalen Kopftuch* schreiend und weinend neben mir herlaufend, geschmacklos azurblaue Cordhose steigt vor mir die Treppe der Unterführung hoch, ein Mann dem ein Tuch aus dem Mund hängt, und Wasserkopf, also freie Schöpfungen, aus vielen Quellen zusammenfließend, oder zu wissen daß man in dieser Fremde immer schon war, *es muß alles durch den Körper!*
mit den kleinen Kopfhörern an den Ohren, im Straßenverkehr, den betäubenden Lärm der Welt durch eine andere Betäubung auszuschalten, zunichtezumachen, nein zu übertönen versuchen, was beiträgt zum Stimmenhören, ein Pfeifton im Ohr, dann mich umwendend, in der Straße plötzlich zur Dämmerzeit : etwas scheint mir gefolgt zu sein, aber es war nicht einmal der Schatten eines Menschen. Körperlich mit der eigenen Haut, so bin ich mir selbst gefolgt, dann hat das Ohr dich vergessen, du bist meinen Ohren abhanden gekommen : die Optik des Ohrs (gibt es das?) hat es erlernt, dich zu entbehren .. manchmal das Verlangen (mit Hilfe des Telephonapparates) an die Präsenz deiner Stimme zu appellieren, sie aufzufordern, sich sofort zu melden, sich vor mir zu entfalten in ihrer Schönheit; gleich darauf dessen Unterdrückung : als wäre ich soeben im Begriffe gewesen, gegen ein Gebot der Rücksichtnahme zu verstoßen, indem ich deine stete Bereitwilligkeit, deine höfliche Stimmbereitschaft ungerechtfertigter Weise beanspruchen oder gar überfordern wollte .. in Asien sagt man nicht ICH WILL HABEN sondern ICH BIN. Zu sein, das genügt schon zum Leben, mehr will ich nicht,

mehr will ich nicht haben, mehr steht mir vielleicht auch nicht zu, vielleicht steht mir auch deine Stimme nicht zu, ich habe deine Stimme zu entbehren gelernt, dieses Zwitschern das mich einst so entzückte, ach wie sehr habe ich nach dieser Stimme verlangt, damals, das Schmettern eines einzelnen Vogels im Dämmerlicht im Gezweig, über meinen Augen und Ohren. Das ist mein Schicksal, oder wie Gertrude Stein sagt Es IST EINE SELTSAME SACHE DASS EINE GESCHICHTE DIE VON IRGENDWEM ÜBER ETWAS ERZÄHLT WIRD DAS NICHT WIRKLICH AUFREGEND GEWESEN IST SPANNEND IST UND EINE GESCHICHTE DIE ÜBER ETWAS ERZÄHLT WIRD DAS WIRKLICH AUFREGEND GEWESEN IST NICHT SPANNEND IST – – auf dem Zettel, auf dem ich diese Worte wiedergefunden habe, steht in meiner Handschrift : mein Schicksal oder wie man das so sagt.

Die Raben sind Seelenvögel? Dann geht auf einmal der schwarze schwere Vorhang herunter, und ich sehe gar nichts mehr, oder wird mein Lager, das mir mit jedem nahenden Abend lockender scheint, und nach welchem es mich wie nach einem lebendigen Wesen verlangt, auch mein Totenbett sein?, werde ich auf diesem Lager, das mir so viele Träume beschert hat, einmal für immer einschlafen?, und dann weggeschafft werden, aus dem Bett geschafft in ein anderes Bett, das in seiner Härte und Beengtheit mir zusetzen wird, ich meine *wo ich meinerseits schweige*, mit dem Gesicht nach unten oder als ob ich mit Nachhall bei mir selbst verweilen wollte. Ich spreche von mir, ich spreche zu mir und empfinde meine reale Anwesenheit, meine Karriere ich glaube auf jeden Fall eine ganz große, es ist nur das Problem, wenn der Geist da ist, wie mache ich ihn mir dienstbar, etc., wenn der Geist dann hervorsaust, werde ich schon ein wenig zittern müssen, ich verwandle mich in einen rosa Hermaphroditen, das ist etwas Ungeheures auch Unzeitgemäßes, aber ich bin im Grunde immer unzeitgemäß gewesen, schon seit den Anfängen nicht wahr, immer schon bin ich unzeitgemäß gewesen, immer schon habe ich mich unzeitgemäß verhalten, und immer schon haben sie alle an mir herumgemäkelt, und mit mir herumgeschafft und -geschrien, und mich hierhin und dahin gestoßen, und mich ausgelacht und verhöhnt, und mich Lügen gestraft, und absichtlich übersehen und übergangen, also ich habe nie Zeitgemäßes an mir gehabt, das hat sie alle aufgebracht, das hat sie böse gemacht, wild, intrigant! .. dem Gestade ein Lebewohl, ich gehe in Achtern, wenn ich etwas suche, aber wenn ich einen Augenblick wegschaue, dreht sich der Globus ohne mich weiter, ich habe Angst, ich möchte vorn in der Lokomotive sitzen, damit nichts passiert, darum fahre ich ungern bei Nacht in der Eisenbahn, da ist eine mörderische Gewißheit. Sind wir vielleicht auf der Suche nach dem NICHTSEIN?, oder habe ich nicht gesagt ich muß fortwährend verdrängen und simulieren, und was ich für Taubengetrippel am Fenstersims hielt, als ich lesend auf meinem Sofa lag, war ein Blatt in einem offenen Notizbuch beim Fenster und mit dem der Wind spielte .. aber was fürchte ich denn, wovor fürchte ich mich, wer oder was sollte durchs offene Fenster kommen? Raubvögel wohl kaum, nicht einmal das zutrauliche Pärchen, keine Schlangen, Seraphim, Troß der Engel .. heute dreißigster Mai : Verfinsterung der Sonne zu zweiundvierzig Prozent .. das Holz gebiert das Feuer, das Feuer gebiert die Erde, diese das Metall, dieses wiederum das Wasser, dieses das Holz, usw., die Musik schlängelt sich in Wien bis in die Hirne, sie ist eine Art Wahnsinn, auch hat mich die ständige Zugluft in dieser Stadt notwendigerweise zum Spezialisten für das Aufkommen und Vorhandensein von Zugluft gemacht, ich komme in einen Raum, ich betrete einen Raum und schon kann ich feststellen, ob sich darin irgendeine Mündung ins Freie befindet und hinter mir kanalartig ins gegenüberliegende Freie sich öffnet und mich auf fatale Weise hinwegweht, andere Wellen zum Beispiel, andere Stürme, ich meine STÄMME (er schien plötzlich indianischer Abstammung, ich spreche von M. S.), so daß ich wieder den Wirbeln preisgegeben war, als ob ich trunken gemacht worden wäre, wenn die Haare zu lang sind (Land), tun sie weh (Wind), *wir Adlernerven!*

Es scheint mir, ich habe mich mit allem abgefunden, die Eichhörnchen und Amseln spazieren über die halbverfallene Veranda (kein Menschenfuß könnte sie betreten ohne einzubrechen), es ist eiskalt im Zimmer, obschon wir den vorletzten Maitag schreiben, oder ein fauler Zauber wenn ich behaupte ich sei verblendet, mein verfaulender Name zum Beispiel sobald ich meine Erde verlasse, und diese düstere Landschaft zu Füßen, ehe ich auf die Füße komme, ich meine *Morgenlandschaft*, wenn ich vom Bett aus den Himmel betrachte. Oder wie ist das alles zu verstehen, dieses jeden Morgen vom Grabe Auferstehen, in welches man sich am Abend zuvor mit Sehnsucht, mit den weißen Krokussen (Knochen) gelegt hat, denn die Nacht gleicht ja dem Ende des Lebens, werden wir sehnsuchtsvoll diesem Ende entgegensehen, dieses Ende erwarten? Ich habe schon viele Menschen gekannt, die es nicht an sich herankommen lassen wollten, die sich bis zur letzten Minute dagegen gewehrt haben, mit allen Mitteln dagegen gesträubt haben, und sich um keinen Preis hätten fallen lassen wollen, diese Krokusgrabesstille erwartet mich jede Nacht und ich folge ihrem Rufen mit einer mir selbst unverständlichen wohligen Willfährigkeit, Unterwerfung, *es* ruft und ich folge, ich versinke in dieses gloriose Nichts des Träumens, Vergessens – also bin ich ein heruntergekommener Mensch, in den Schlaf, in den Traum heruntergekommen : nur mit mir selbst beschäftigt, dem täglichen Zapfenstreich zugewandt, und dergleichen.

»Stummheit im Traume : eine gebräuchliche Darstellung des Todes«, ich war stumm geworden, das träumte mir, war es ein Fingerzeig?

Mein bedingungsloser Surrealismus, sagt Dalí, der Kastrationskomplex Dalís entspricht vermutlich meiner Kastrationsangst, ich meine daß man mir Augen und Ohren, Nase und Mund, Haare und Nägel beschneidet oder mir sonstwas abzapft, ich habe manchmal erschreckende Vorstellungen, ich leide ja ständig daran oder ich leide es kaum mehr und lasse es nur noch in größeren Zeitabständen und widerstrebend geschehen, daß mir Haare und Nägel geschnitten werden, das heißt in dem Maße wie die Jahre vergehen.

Gestern fand ich alte Gesellschaft nämlich ein wunderbares Sagenbuch : Rosenaugen aus der Pfalz, aus Thüringen, Maria Schein, Herren- und Meeresblut, Palmen .. *in diese Glut, in diesen deinen mich so beglückenden Brief hineinblasen!, vielleicht läßt sich da was Neues entfachen?*, deine Neuigkeiten haben alles belebt und ein Freudenfeuer der Phantasie veranstaltet .. da ist das Leben durch alle Ritzen des Hauses gefahren .. auch verstehst du es vorzüglich, mich dazu anzuhalten, zwischen den Zeilen deiner Briefe zu lesen, so bekomme ich immer ein Stück von deiner großen und kleinen Welt ab, du in Amerika, ich in Wien. Es sind so Kettenreaktionen : nämlich die Männer, Neger, Verquickung der Gefühle, Negresse in New York, usw.
Musikgewitter vor meinen Fenstern, Vienna. Ich habe einem merkwürdigen Verlangen nachgegeben : ich habe dein Wohnhaus besucht, kleine Windmühlen auf den Fliesen, ich habe dein Haus besucht, bin zu deiner Wohnungstür gegangen und habe geklopft, obschon ich wußte du seiest weit weg –
ich frage mich, ist das Streben nach Verwirklichung einer allen zugänglichen Modernität etwas Utopisches?

*8. »falsche Erinnerung«*

Muttererde (indem ich mich vergrabe), in der ich mich vergrabe . .
wenn ich dann hinausblicke in diesen blauen Himmel, auf dieses blaue Himmelsgestade, über den Dächern, in welchem die Schwalben steigen und stürzen, kreisen und schwärmen, schnellen, segeln und wirbeln oder als schwärzliche Punkte entschwinden, und in den grünen Garten von gegenüber mit den verblühenden Glyzinien und dem welken Flieder und den sich ausstreuenden Robinienblüten – die Spyräen lassen ihre Zweige bis an den Boden hängen – drängt es mich, mir vorzustellen und vorzusagen DA LÄSST SICH VIELLEICHT DOCH NOCH WAS MACHEN, DA LÄSST SICH VIELLEICHT NOCH WAS VORWÄRTSTREIBEN UND -BRINGEN . . oder ein segelndes Pleuston Plankton : Phantom (woran ich schreibe) IN BEWEGUNG HALTEN, etc., ich meine PLEUROSE : Trauerbesatz an Kleidern, lange geknüpfte farbige Straußenfedern als Hutschmuck (Stella!), bin von einer PLEURITIS in die Federn gedrückt, gelegt oder geworfen ich weiß nicht, bin getrennt von mir, es ist die Hölle wie immer wenn ich nicht arbeiten kann, es ist nichts leicht und nichts schwer genug, im Wind, in den Morgen- und Abendröten, es ist die Hölle ich glaube mein Selbst verloren zu haben, wünschend dies Blatt möge dich in besserer Verfassung finden, ich nehme das Wasser als Waffe am Morgen, angesichts der quälenden Ungewißheiten, der Zerstörungen am Beginn eines solchen Tages, angesichts der tiefen Beunruhigungen, ehe ich auf die

Füße komme, widersprüchlicher Zustand .. was alles ruft am Morgen (einerseits), wie schwer die Glieder, der Kopf (andererseits) : Auswirkungen eines Traumes, frage ich mich, warum erwarte ich mir zum Beispiel jeden Morgen vom Eintreffen der Post etwas ganz und gar Umwälzendes, *die* glückliche Hand, etwas, das meinem Leben neuen Antrieb, eine neue Richtung geben könnte, ich erwarte mir irgendein Wunder, eine Verheißung, Offenbarung, grandiose Enthüllung, REDEN ODER BRIEFE und dergleichen auf maigrünem Blatt; tatsächlich ein Tropenhut im Fond eines Wagens, drei Blumenbukette in Farbstufen nuanciert, blau weiß gelb, oder wie war das mit den Blumen, habe ich nicht gesagt ich erinnere mich, daß du mir zuriefst DAS IST *MEINE* BLUMEN HANDLUNG – da kümmere dich du nur nicht darum; die Blumen, Blumenstöcke, Triaden : blau weiß gelb auch Vater Mutter Kind, das Blumengefühl, Blumenwohl, die Blumenkörbe in allen Nuancen von Licht und Wärme nicht wahr, diese Blumenfülle auf seinem Sarg, ich spreche von FEDOR/VATER, falsche Erinnerung, ich suche nach Gründen, realen Geschehnissen, in welchen M. S. seine Schwächen offenbart hatte, in welchen M. S. sich nicht bewährt hatte, um meine wiederaufkommenden Gefühle für ihn zu schmälern, also daß seine Schwächen meinen wiederaufkommenden Gefühlen entgegenwirken sollten; in ähnlicher Weise hatte Stella, kurz nachdem FEDOR gestorben war, ihr Verhalten zu beeinflussen versucht : sie hatte sich immer von neuem seine Fehler, seine Schwächen, seine Lieblosigkeiten ins Gedächtnis zurückgerufen, diese und jene folgenschwere Begebenheit in ihrem gemeinsamen Leben, um über seinen Verlust leichter hinwegzukommen : aber es wollte nur selten gelingen, *immer wieder schoben sich die Erinnerungen an glückliche Stunden dazwischen*. ER HEISST JETZT FEDOR, ruft sie, ER IST JETZT OBEN BEI DEN ENGELN, ruft sie, oder, gedankenverloren : SIEH DOCH, DIE SCHÖNEN HOLUNDERBÄUME, DIE HOLLERWAND! : aber es waren Fliederbäume, in einer Zeile, lila blühend, eine Naturkulisse, gefiederte Wand die zwei Grundstücke von einander trennte, aber auch ich hatte in diesem Augenblick WAND auf der Zunge gehabt, wieso eigentlich? waren wir schon so auf einander eingestimmt? wie war das eigentlich mit Stellas Gedächtnisschwäche, war ihr das Wort FLIEDER nicht eingefallen, so daß sie HOLLER wählte? ein Element zerebraler Natur – HOLLER/HOLUNDER das lag ihr näher, während sie zu mir sprach, es könnte ja sein wegen meiner ambivalenten Beziehung zu HOLLER/HOLUNDER : einerseits gefällt mir seine in voller Blüte stehende weiße Pracht, andererseits erzeugt Geruch wie Geschmack seiner Blüten und Beeren etwas wie Ekelgefühle in mir ..

irgendwelches Zuckerwerk, für Stella, das ich verpacken wollte, war von der Tischplatte geglitten, zu Boden gefallen, hinters Sofa gerollt, so rückte ich mit Besen und Schaufel an, ohne daß etwas zum Vorschein kam, oder doch : eine welke Fliederblüte, ein Druckknopf, eine staubverkrustete Waffel .. Liebe für das Schmutzige, mein verfaulender Name zum Beispiel, panikartig (blitzschnell) schießen die sonst in allen Winkeln des Hauses lümmelnden (hingelümmelten) Gedankenunwesen hervor und ich stehe mit

leeren, leergefegten Gesichtszügen da .. dies Lümmeldasein!, diese unsere pulverisierte, auch zerstiebende Schmutzexistenz oder was!, entspricht vermutlich dem ungerührten Stil den ich neuerdings pflege, statisches Element, nur der Körper in einer Fallposition, völlig verrenkt und gestaucht .. *Progressivität drückt sich ja nicht immer nur in der Form aus, es gibt auch etwas wie inhaltliche Progressivität!, nur nicht zu positiv arbeiten, so heißt das Programm, nur nicht immer die allzu leichtgewichtige Hoffnung mit ins Spiel bringen, usw.*
Keine Karriere (Kalauer), nichts worin der Geist wohnen wollte, da nimmt er lieber Reißaus angesichts so vielen Stückwerks, Blendwerks, faulen Zaubers und roher Materie : ich stehe im Wege : wenn ich zum Beispiel mitten auf dem Bürgersteig stehen bleibe um etwas in mein Notizheft zu schreiben, werde ich zur Seite geschoben, gestoßen, verlacht und verhöhnt, in meinen Träumen, in meiner Wirklichkeit fühle ich mich überzählig, ohne mich funktioniert alles viel besser, alle Welt kann mich entbehren, jeder könnte auf mich und was ich tue verzichten.
Wie weit weg alles scheint, falsche Erinnerung; seltsames Phänomen, wenn du von meinem Besuch vor zwei Jahren schreibst, wie weit weg das alles scheint!, manchmal habe ich sogar das Gefühl, Jahr um Jahr mit neuen Lebensanfängen konfrontiert zu sein, immer liegt alles, was nur drei oder fünf Jahre vergangen ist, so weit zurück!, ist beinahe unerinnerbar geworden, ist vergessen, verloren, vertan, und immer wieder fängt alles neu an, mit jedem neuen Jahr fängt das Leben neu an, aber nicht so als würde etwas fortge-

setzt, als könnte man etwas weiterführen, sondern ohne Zusammenhang, ohne Erinnerung und Vergangenheit, mit Rasanz, im atemlosen Karacho .. und weil mir die Zeit immer so spurlos auch spurenlos wegläuft, möchte ich sie manchmal buchstäblich *auf der Zunge zergehen lassen* : damit ich sie aber auf der Zunge zergehen lassen kann, gehe ich abends nicht aus sondern bleibe in meinem Lehnsessel am Fenster und lasse die Sekunden, eine nach der anderen, ganz leibhaftig *vorbeidefilieren* : ein erregender Zustand. Auch versuche ich manchmal, um der Zeitraffung Einhalt zu gebieten, die Nächte nicht mit Schlaf zu vergeuden sondern wachend im Wahn, kategorisch : lesen und Briefe schreiben, in meiner Behausung spazieren, beim Fenster sitzen, den Mond betrachten (fransige Nachtwolke über dem Giebel), aus lauter Leerstellen eine Fülle machen. Und der Wind bläst die Backen, die Hemdärmel auf wie Keulenarme im Spiegel, bläht alles auf, *dann habe ich sie, dann besitze ich sie, die Zeit, und drücke sie an mein Herz!* –
Falsche Erinnerung : ich setze mich selbst auf den Stuhl, der *ihm* vorbehalten ist, auf dem *er* sitzen wird wenn er kommt, um mir ausmalen zu können, in welcher Weise (in welchen Lichtverhältnissen, aus welchem Blickwinkel) er mich dann *vor sich sitzen sehen wird*, ich sehe mich selbst mit seinen Augen an und habe sogleich eine Menge auszusetzen an mir, wie ich spreche, wie ich in meinem Sessel zusammengesunken sitze – oder was wäre das für ein Emblem, bei dem der Adler statt mit weit ausgespannten Schwingen (den Thronmantel übergeworfen), was wäre das für ein Emblem sage ich, bei dem der Adler

seine Schwingen nicht spreizt sondern faltet und seinen mit der Krone beschwerten Kopf darunter verbirgt; also mit zusammengezogenen Schultern, zusammengekniffener Haut, zusammengeschrumpften Lippen, eingefallenen Augen, etc., in undurchsichtiger Kleidung, *Opazität*!, undurchlässiger Haut .. und, während ich dasitze, wie wenig durchsichtig meine Gesichtszüge sind .. die Füße gekreuzt im Sitzen, die Arme über den Kopf verschränkt, die undurchdringliche Kopfhaut, ich sah mich mit seinen Augen, Gemüts- und Geburtsgeist, M. S. oder du : die Übergänge sind fließend; ich sah mich mit seinen Augen an, fühlte wie er mein Gesicht prüfend betrachtete, wie er meine Gesichtszüge mit jenen Lauras verglich, es fiel zu Lauras Gunsten aus, das spürte ich deutlich, er sprach es nicht aus, aber ich wußte, daß er es dachte, Laura!, der man jede Regung, jeden Gedanken, jedes Gefühl von ihren Augen, von ihrem Mund, von ihrer Stirn ablesen konnte, es gibt ja wenige Menschen, die eine so durchsichtige Körperoberfläche besitzen, deren geringste Regungen von ihrer Körperoberfläche ablesbar sind .. ich werde also etwas tiefer sitzen als er, in meinem Lehnstuhl, seinem Platz schräg gegenüber, ich setze mich in meinen Sessel, nachdem ich das Tigerfell glattgestrichen habe, das über Rückenlehne und Sitz gespannt ist, um deren Schäbigkeit zu kaschieren.

Was Laura betraf, hatte sie die Liebe zu M. S. beinahe plötzlich verschönt, die Veränderungen in ihrem Gesicht waren mir damals sofort aufgefallen, und ich schloß Laura in meine Liebe zu M. S. ein, gleichzeitig litt ich in jener Zeit sehr, wenn ich mir vorstellte, was alles geschehen sein mochte zwischen ihnen. Ich hatte mich allzu sehr auf M. S., ebenso auf Laura eingelassen, ich konnte mich sowohl mit M. S. als auch mit Laura identifizieren, ich schloß Laura in meine Liebe zu M. S. ein, Laura war etwas für mich, eine anbetungswürdige Figur, der ich in meinen Phantasien zuweilen einen höheren Rang einzuräumen versucht war als ihm, ja ich spielte oft mit dem Gedanken, mich an ihrer Stelle von M. S. geliebt zu wissen – und die Hände finden sich ganz von allein, wenn man einander begrüßt, sich in die Augen blickt, sie finden ganz von allein ihren Weg beim Abschied, beim Wiedersehen, nur selten passiert es, daß sie nicht zu einander finden ich meine es passiert nur selten so etwas wie ein Aneinander-Vorbeigreifen nicht wahr, goldene Junitage. Im Grunde ist alles lächerlich oder schamlos, beim Gehen das Abrollenlassen der Sohlen, ohne in den Kniekehlen nachzugeben, oder wer hat gesagt, ich hätte in meinen asketischen Anwandlungen Rückfälle erlitten nämlich eine Menge getrunken, du weißt der heiße Wein setzt mir zu und ich neige dann dazu, ungerecht zu werden gegen mich und die Welt also ich neige dann zu Ungerechtigkeiten und vorschnellen Urteilen . .

Wenn ich am Morgen mit dir telephoniere, habe ich mich in deine Person hineinprojiziert : ich hebe mit deiner Hand ab, höre meine eigene Stimme mit deinem Ohr, sehe mit deinen Augen den Bergkamm vor deinem Fenster vom Mondschein umstrahlt – während eines Wolkenbruchs bewundere ich den Perlenvorhang herabstürzenden Wassers welches, deinem Fensterplatz gegenüber, von den abgerundeten Zakken der über dem Vorgarten ausgerollten Markise herniederweht, ich zaubere was hinein plötzlich zaubere ich da was hinein!, mit meinen Lieblingsbüchern (Schlapphüten) *hin und her*, die Angst beim Telephonieren mit dir jeden Morgen, eine stufenweise Steigerung meiner Angst, wenn du dich nicht gleich meldest, man hört den Ozean rauschen zwischen uns!, der trennt uns!, was uns nicht alles trennt!, was mag mit dir geschehen sein über Nacht, meine Angst, die von Zorngefühlen abgelöst wird, macht, daß ich gereizt klinge, wenn du dich dann doch (endlich!) meldest, aber eigentlich bin ich überglücklich, daß du dich endlich gemeldet hast, der Groll ist schon wieder verflogen .. meine Stoßgebete, wenn am anderen Ende der Welt du dich nicht meldest!, einmal haben wir beide im selben Augenblick die Verbindung herstellen wollen, so standen wir einander wechselweise im Weg –

unzeitgemäß, also bin ich unzeitgemäß, und anachronistisch gestimmt, ich habe Angst davor, befragt und ausgefragt (leergefragt) zu werden, diese Sperren in meinem Kopf, wenn jemand mich auszufragen beginnt, wenn jemand wissen will, was ich alles gelesen habe in letzter Zeit, HABEN SIE PROUST, HABEN SIE POUND, HABEN SIE WITTGENSTEIN, JOYCE GELESEN, LENIN, LACAN – wehe, ich habe nicht. Weil ich in der ersten Person spreche, heißt das noch lange nicht, daß alles mit mir identisch ist, das bin nicht ich das ist ein Bild von mir, ich bin davongeschwommen .. oder ich kann an nichts mehr Rückhalt finden, oder ich bin da zu sehr normiert, nur noch daheim in meinen in einander verhakten Tätigkeiten kann ich mich wiedererkennen, ich liebe es auch, alles neben einander her zu tun, meine Schreibarbeit verdankt Dalí sehr viel, am Stehpult einen Brief mit der Hand, am Schreibtisch einen anderen Brief mit der Maschine zu schreiben, einen Mittagsschlaf halten, eine Briefmarke (ungestempelt auf der abgerissenen Ecke eines Briefumschlags klebend) aus dem Wasserbad nehmen, eine Satie-Platte spielen . . du hingegen möchtest jeweils nur eine einzige Sache tun, es erscheint dir unredlich, gleichzeitig mehrere Sachen zu tun, oder bei der Verrichtung einer an eine andere Sache zu denken.

Die vergehende Zeit entfernt uns immer mehr von einander; indem du mich immer aufs neue vertröstest, vergrößerst du die Unmöglichkeit eines Zustandes von Nähe zwischen uns, mehr noch : die Einsicht daß es so sei.

## 9. *im ersten Verlorenheitsjahr*

vor dem Tor, nicht wahr, da war mein Platz oder die vielen Tage kauernd zu deinen Füßen : einen untersten Rang einnehmen, einen geprügelten Hund spielen, alles simulieren : ausgestoßen, geschunden, gebeugt, den alten gestauchten Rumpf auf zwei Stöcke gestützt, auf allen vier Stümpfen sich vorwärtsbewegend, domestiziertes Lasttier, etc., das Verderben, die Schmähungen, Kränkungen beinah genießend, wir sind doch alles orale Wesen oder was, meine Rückkehr wird sich verzögern, meine Gegenwehr ist ausgelöscht, das Stirnbeinblut ist erkaltet; die höhnische Feindseligkeit, die mich jederzeit umgibt, willkommen heißen .. *ein hin und her*, ich werfe mit Wörtern um mich, das Wort CAPRICCIO zum Beispiel im Vorzimmer, und wie sie alle, kapriziös und krampfig wie Ziegen durch den Platzregen hüpfen, Wolkenbruch es hat in die Hand geregnet, wie Wechselbad, Wildwuchs der Sprache, als hätte ich auf irgendwelche Wörter vergessen, als seien mir Sprachpartikel abhanden gekommen wohin eigentlich? vielleicht nur noch passiven Wortschatz, ich nicke betulich bestätigend, wenn jemand mir seine wohlgesetzte Sprache entgegenhält, vorsetzt, so was möchte ich auch einmal können!, nämlich die Sperren aufheben, die sich in meinem Gehirn festgesetzt haben, warum glaube ich eigentlich immer, mich anpassen zu müssen, immer will ich gleich vor Scham in den Boden versinken, oder ich halte mit meiner Meinung zurück, weil ich fürchte mich bloßzustellen, das brachte mir

schon viel Unfrieden, Verlegenheit, Peinlichkeit ein, schließlich verachtete man mich auf allen Linien – also mit meinen beiden Lieblingsbüchern (Schlapphüten) schlug ich mich durch, und ich fragte mich oft, was ich hier eigentlich noch verfolgte, ich bin zu nichts nütze, bin sperrig, überzählig geworden, ich übersehe mich selbst, sie übersehen mich alle, jeder beliebige kann meinen Platz einnehmen und mich ersetzen, jeder könnte auf mich verzichten, auf mich und alles, was ich getan habe und noch tue .. ich verschleudere mich nicht mehr, früher habe ich mich immer verschleudert, DU VERSCHLEUDERST DICH UND WAS DU BESITZT!, hatte Stella mich oft gerügt, so hatte Stella mich oft gemahnt, aber jetzt sind die Exzesse vorüber, die Verschleuderungen!, Verausgabungen!, jetzt möchte ich mich nur noch verkriechen, vergraben, verstecken und um Vergebung bitten, daß ich immer wieder meine Schmutz- und Schwermuts- und Unmutsniederlagen bekomme und damit meine Gesellschaft belästige und vexiere, das betrifft das Zentrum, mein Zentrum das Zentrum der Welt.
Trotzdem hoffe ich, daß ich deinen Namen nicht aus meinem Gedächtnis verlieren werde, daß dein Name wie früher mich überall hin begleiten wird, daß ich deinen Namen in den Kronen der Rotdornbäume, die hier gerade in voller Blüte stehen und meine Augenhaltepunkte geworden sind, werde verfolgen können, oder im Flieder überwältigend überall hier in den Gärten .. keine Entschuldigungen, keine Entscheidungen mehr, auch nicht die geringfügigsten, keine Wahl mehr : ich will mich nicht mehr entschuldigen müssen, ich will mich nicht mehr entscheiden müs-

sen, ich will nicht mehr wählen müssen zwischen zwei oder mehreren Möglichkeiten, es ist mir ganz und gar unmöglich geworden, eine Entscheidung zu treffen, eine Entscheidung treffen zu wollen, ich verliere da oft meinen Kopf, oder ich höre zufällig jemanden sagen DA VERLIERE ICH JA EINEN GANZEN TAG .. EINEN GANZEN MONAT .. EIN GANZES JAHR .. da verliere ich oft mein ganzes Leben, etc.

Wenn ich schreibend die Wahrheit sage, ist es ein offenes Geheimnis, ich habe mich für nichts zu entschuldigen, ich habe mich für nichts zu schämen, ganz anders wird die Sache, wenn ich zu reden beginne, da wird alles schwierig und delikat .. *da hab ich dann einen schönen Kopf, wenn ich mich den ganzen Tag opfere, wenn ich mich den ganzen Tag geopfert habe*, zum Beispiel für Stella, wenn ich zu Stella fahre, wenn ich aufs Land hinaus fahre, wenn ich einen ganzen Tag mit Stella verbringe, wenn ich einen ganzen Tag mit Stella rede, sie unterhalte; ich schaue, wenn ich zu ihr reise, gar nicht mehr aus dem Fenster, diese Gegend, Sonntag für Sonntag wenn ich Stella besuche, immer der gleiche Anblick : immer die gleichen Berge, Hänge und Gärten, aus der nämlichen Perspektive (zerpflückt), die guckenden Menschen an ihren Fenstern, an denen der Zug vorüberschnaubt, ich wünschte es drehte sich alles einmal herum, und links wäre rechts, rechts wäre links, oben wäre unten und umgekehrt, und die Menschen würden sich nicht blicken lassen an ihren Spähfenstern, die Landschaft zeigte eine andere Beleuchtung, die Flüsse flössen rückwärts, die Wiesen rotierten, mit den vielen Federn und Federkielen, ich mache Musik in Muscheln, jeder Turm ist narzißtisch .. wo liegt der Gegenstand wenn wir die Augen schließen, gerupftes Objekt .. das wird mir fast eine Leidenschaft, im ersten Verlorenheitsjahr, ich sah ihn immer wieder vor mir, ich spreche von M. S., aber ich kann wirklich nicht sagen, ob er es tatsächlich war oder nur einer seiner Doppelgänger, es sind diese seltsamen Zufälle. Ich sah ihn vor mir, mein Blick aus der fahrenden Straßenbahn hatte ihn eingefangen, auf dem Rad an der Straßenkreuzung, mit einer Fußspitze den Boden berührend, vermutlich auf den Wechsel der Ampelschaltung achthabend, mit hoch erhobenem Kopf, etwas leuchtete an ihm, vielleicht traf ihn die untergehende Sonne, ich phantasierte in ihn hinein, vielleicht phantasierte ich etwas hinein, verheißungsvolle Berauschung ich weiß nicht, ich winkte ihm aus einer plötzlichen Regung, unvermeidbaren Trauer, aber er beantwortete meinen Gruß nicht, er konnte mich auch nicht gesehen haben, mein dunkler Kopf im Straßenbahnfenster und während ich vorüberfuhr. Wohin mag er auf dem Weg gewesen sein, ging es mir durch den Kopf, an jenem Spätnachmittag, als ich ihn zum letztenmal erblickte, ohne daß er mich hatte sehen können, ich stehe im Wege, auf der Suche nach einem NICHTSEIN?, es wird mir fast eine Leidenschaft.

Was bedeutet eigentlich das Fahrrad in meinen Träumen, mir träumte vor einem Monat, M. S. und mir wurden die Räder gestohlen, mein Fahrrad war gelbweiß gestreift, ich ging über die Leopoldstraße, ich sah die Diebe von fern, auch in Ferrara, ich sah daß die Fahrräder auch dort eine große Rolle spielten, wie in einem Zusammensetzspiel : diese beiden Steinchen hatten mir zur Vervollständigung des Bildes noch gefehlt : einerseits der Traum von Rosi (Freundin), die mir im Traum anvertraut hatte, daß M. S. eine neue Freundin habe, nachdem er sich von Laura getrennt hatte, sie hieß E. B. und hatte *hungrige Augen* wie Rosi sich ausdrückte – Rosi hatte immer schon eine gewisse Vorliebe, Dinge beim Namen zu nennen, ich meine sie hatte eine Neigung zu rückhaltlosem Sprechen –, ich wurde, als ich diesen *Stadtklatsch* hörte, von einem Gefühl glühender Eifersucht durchbebt; andererseits diese Szene im Traum, als ich M. S. auf dem Fahrrad sah, auf seinem Hochsitz, mitten im Großstadtverkehr, ein herausragender Anblick, er berührte mit der rechten Fußspitze den Boden während des Wartens an der Straßenkreuzung, inmitten der anderen wartenden Fahrzeuge, den Kopf hoch erhoben, vielleicht schaute er nach der untergehenden Sonne, der Verkehr schien zum Stillstand gekommen zu sein, er blickte empor und wartete, er sah nicht, daß ich ihn aus der Ferne grüßte, ihm winkte –

*ein hin und her*, ich werfe mit Wörtern um mich, das Wort CAPRICCIO zum Beispiel im Vorzimmer, das Sodomisieren der Ziege, ein Hin- und Herhüpfen der Sprache, ich liebe es, alles neben einander her zu tun, im Grunde treibe ich mich den ganzen Tag über mit meiner Sprache herum, wir halten Zwiegespräche, Monologe, die Lektüre ist auch so ein Tummelplatz, auf dem ich mich abendelang aufhalten kann : ein Tag ist ja ohne befriedigenden Abschluß und im wirklichen Sinne vertan, haben wir nicht zumindest vor dem Einschlafen Zeit gefunden, ein paar Zeilen hier, ein paar Seiten dort, in unseren Lieblingsbüchern zu lesen (überflüssigerweise lassen wir uns zuweilen von den banalsten Ansprüchen herausfordern und ablenken, mit grausamer Wollust lassen wir uns in die alltäglichsten Niederungen herunterzerren und sehen uns dann selber zu, wie wir im Netz zappeln).

Überwältigungen, extreme Lebenszeit : den Lauf des Wunderbaren verfolgen an der Grenze zwischen Wohlgefallen und Überdruß : HOLLER / HOLUNDER und während sie zu mir sprach, es könnte ja sein wegen meiner ambivalenten Beziehung zu HOLLER / HOLUNDER – diese Grenze zwischen Wohlgefallen und Überdruß, eine Grenze so außerordentlich anziehend, daß man die Neigung verspürt, sich immer wieder dorthin, in diesen Zwischenbereich zu begeben, ich tauche meine Nase in die Blüte des wilden Holunder, fühle mich gleichzeitig angezogen und abgestoßen, ich folge einer geheimnisvollen Duftspur am Morgen, lasse mich treiben, es gibt nichts Drängenderes, Lockenderes. Gleichzeitig fühle ich mich abgestoßen, *es stößt mich von sich*, ich setze mich an die Arbeit, dieses fraglose Stillen eines Bedürfnisses, vor meinen Augen eine Weissagung, nämlich wie wenn ein gewisses Licht der Weissagung aufgeht, unter dem Gemurmel gewisser Worte, *schon springt der Geist oder das sogenannte Rehkitz umher und herbei und heran!*

mit meinen beiden Lieblingsbüchern (Schlapphüten) schlug ich mich durch, schmachtend und trauernd : so daß das Zukünftige Vergangenheit wird, uns als

Vergangenheit vorkommt, also das Kommende schon Erinnerung ist.
Die kleine Reise in den Süden (Ferrara), die ich vorgehabt hatte, habe ich zurückgestellt, oder die kleine Reise, die ich unternehmen wollte, will ich nun aufgeben weil ich mir nicht vorstellen kann, dort anzukommen nämlich an diesem anderen Ort und es naheliegt, daß etwas passieren würde, das einem solchen Unternehmen in die Quere kommt oder ein solches Unternehmen zunichtemacht, also sei es besser, von Anfang an darauf zu verzichten : ich hatte im letzten Augenblick zurückgezogen, ich hatte dieses mein Vorhaben im letzten Augenblick rückgängig gemacht oder zu machen gesucht weil ich mir bei dem Gedanken daran nichts vorstellen zu können glaubte – : ich muß mir ja alle Lebenssituationen *vorstellen können*, ehe ich mich in sie hineinbegebe, ich muß mir immer alles *vorstellen können*, wenn ich mir etwas nicht *vorstellen kann*, tritt es auch nicht ein, jedenfalls nicht ins Bewußtsein, also gibt es im Grunde keine *unvorstellbaren* Umstände, Bereiche, Lebenssituationen usw. für mich. – Darüberhinaus habe ich an einem fremden Ort, fern von meinem vertrauten Fixpunkt, immer wieder das quälende Gefühl WAS SOLL ICH MIT MIR UND MEINER ZEIT ANFANGEN?, wohingegen mir daheim die Zeit zu rasch vergeht und es sonnenklar wird daß der Fingerfächer

ich meine die Angst beim Telephonieren mit dir jeden Morgen, *hin und her*. Die stufenweise Steigerung meiner Angst, wenn du dich nicht gleich meldest; manchmal, wenn meine Angst, meine Befürchtungen,

was dir alles zugestoßen sein mochte, kaum mehr erträglich waren, rief ich dich am zeitigen Morgen an, unter dem Vorwand, es sei mir vorgekommen du habest dich gemeldet : eben erst nachhausegekommen, keuche ins Telephon, habe ich beim Treppenhochsteigen das Klingeln gehört und angenommen, daß du es gewesen seist, ich vermutete du habest angerufen, mich aber nicht erreicht, so wolle ich jetzt signalisieren, daß ich zurück sei, etc.
Am frühen Morgen rief ich dich an, wie spät war es da eigentlich bei dir, man hört den Ozean rauschen, ich ließ es lange läuten, aber du warst ausgegangen, oder der Apparat stand in einem anderen Zimmer. Wenn ich dich nicht erreichen konnte, ergriff mich eine tiefe Verzweiflung, eine qualvolle Ruhelosigkeit und das Gefühl einer vollkommenen Entwurzelung, und ich fand Trost nur indem ich mich an die Maschine setzte und an dich schrieb, wenige Tage vor meiner geplanten, nicht verwirklichten, Reise in den Süden träumte mir vor dem Erwachen von FEDOR/VATER wie er auf die frisch beschneiten Hänge und Strände wies (es war Sommer), er lächelte ein merkwürdig sanftes, weises und liebevolles Lächeln, ich küßte ihn in einer Aufwallung, er weinte oft beim Vortragen eines Gedichtes, er las mir gerne Gedichte vor, ich erinnere mich wie es ihn dabei übermannte, er fuhr sich mit der Hand an die Augen oder breitete die Hand vor den Gläsern wie einen Schirm, um die Tränen zu verbergen –
aus dem Grab heraus, ruft Stella, tatsächlich aus dem Grab heraus ist er imstande, meine freien Entscheidungen einzuschränken, aus dem Grab heraus gibt er

mir Anweisungen, Befehle, aus dem Grab heraus setzt er mir zu; er jagt mir auch Angst ein, ruft Stella, so daß ich bei jeder meiner Handlungen mich fragen muß, fände sie *seine* Zustimmung?

## *10. Ferrara, Nachtfalter*

die Stadt nahe der Meeresküste (als wilde Resede) : welch lüftende Freude!, also hatte ich diese Reise doch noch antreten können, wirst du dich wundern, diese Reise in den Süden (Ferrara) .. denn die Freude leuchtete plötzlich wieder über dem Leben, die offene Freude, Federgeistchen aus meiner Schlaftüte, mit meinen Tellerminen, mit meinen Schlapp- und Sturmhüten, um es dir nochmals vor Augen zu führen, wofür du mich in jüngster Zeit rügtest : »manieristisches Zeug das mit den Schlapphüten – was soll das immer heißen MIT MEINEN SCHLAPPHÜTEN UND LIEBLINGSBÜCHERN?« : das ist das Suchen nach einem Fadenende, um die Spule ganz abwickeln zu können, sonst ist kein Beginnen möglich, ich meine sonst kann ich den Anfang nicht finden, alles zerfranst, verheddert, verworren. Ich gehe tagelang ohne Gedanken umher, tue meine Verrichtungen ganz mechanisch ohne etwas zu denken, ich laufe in bekannten Zeilen immer am Morgen, der bunte Steingutteller auf meinem Frühstückstisch, mit Schwalben und Rosen verziert, läßt die Erinnerung an wirkliche Schwalben und Rosen zu, obwohl der gegenwärtige Sommer immer nur kalte Feuer speit, tönende Regenschleier versprüht .. *die Kinder installieren!* : ich meine die Kindheit, aber ich habe darüber schon zu viel geschrieben, auch erinnere ich mich an kaum etwas in dieser meiner Vergangenheit, das Aufwachen das ich durch bloße Willenskraft bewirke, gelingt mir meist eine Viertelsekunde vor dem Läuten des Weckers,

mitten in den Solarplexus trifft mich der Gedanke, was mir der angebrochene Tag alles an Ungemach bringen wird, so gerät mir alles zwischen die Zähne also zwischen den Zähnen knirscht es, oder durch Bewegungen im Schlaf Lichteindrücke empfangen, die sich kurz nach dem Erwachen auflösen, manchmal auch mit seltsamen Schlußarabesken, wie am Ende eines musikalischen Motivs ..
während ich mich frage, was kann man denn nach einem solchen Buch überhaupt noch lesen, Roland Barthes, bin ich schon in dieses andere Buch getaucht, Dalís Lebenserinnerungen, ich meine während Dalís Sekundenzeiger (sein über einen ins Bild ragenden schwarzen Ast rinnendes Stück Camembertkäse : weiche Uhren, die verrinnende Zeit) immer langsamer vorwärtskommt, sich in die Länge zieht, teigig über die weiße Fläche des Zifferblattes hinstreift und -gähnt, und träge irgendwo auf der Strecke bleibt, wie ich selbst, wie meine Gliedmaßen, die immer wieder einzuschlafen, oder einzurasten auch -rosten drohen : so bin ich entlaufen.
Liebe gute Wünsche Grüße Himmelsnähe, hätte ich beinah geschrieben an dich aus Ferrara, in Ferrara sah ich daß die Fahrräder auch dort eine große Rolle spielten, also hatte ich diese Reise doch noch antreten können, wirst du dich wundern, diese Reise in den Süden (Ferrara), ich hatte sie ja zurückgestellt gehabt, mich dann doch dazu entschlossen, ich hatte zurückgezogen, es mir dann aber doch noch anders überlegt, der ruhigste Ort war heuer der Juli, so naßkalt. Wenn ich an einem fremden Ort erwache, mache ich Scheinbewegungen zum Schreiben, die mich aber unbefrie-

digt lassen, Schreibabsicht wird unterdrückt, oder ein Bedürfnis wird weggesteckt, usw., und obwohl ich mich immer nach hohen und weiten Räumen sehne, immer gerne in weitläufigen Quartieren gewohnt hätte, gibt es dann doch etwas, besonders an einem fremden Ort, daß einen auf allerkleinstem Raum etwa im Badezimmer des Hotels, ein Gefühl von Geborgenheit und Tröstung überkommt und man wieder aufatmen kann – strebt man also nach gegensätzlichen Dimensionen, frage ich mich, nach solchen die einem in Wahrheit nicht zustehen, nicht angemessen sind?, oder die Redeabsicht wird unterdrückt, *hochdonnernd* kann ich mir alles gleichzeitig vorstellen, überhaupt kann ich mir ALLES vorstellen, ausmalen, alles Vorgestellte als Wirklichkeit erleben .. dreifüßiger Rabe, die Pfeile der Sonne knallten von überall her, reflektierten in meinem Auge : schmerzende Blendungen Schwertlilien, blitzendes Sonnengefunkel, *an der Adria hat sie einen Saturn in den Händen gehabt*, ich spreche von Rosi (Freundin), *aus Sand dann Dolomiti geformt und dergleichen* : das aus dem Sand halb herausragende aus Sand hergestellte Kabriolet, dessen Sitze man benutzen konnte, bildende Kunst ich meine Klaue, Klamotte, Klaviatur : Sandburgen aus Speichel und frischem Brot, so habe ich mein Werk konzipiert, eine solche Seelenanstrengung!, sagt Rosi; diese seltsamen Phänomene, plötzlich kamen Menschen auf mich zu, die ich von irgendwoher kannte, aber gebündelt nach Ländern, zwei Leute aus Polen, einer aus Deutschland, drei aus der Schweiz, alle auf einmal, ich hatte sie einst in ihren Ländern kennengelernt, plötzlich waren sie alle hier zusammengekommen, vermutlich um mich zu verwirren oder in Erregung zu versetzen, Jörg Steiner zum Beispiel, aber es waren nur Abbilder, das ist meine Überzeugung, der Schatten des Sommers fliegt mit dem Wind, vermutlich kommt es nur auf die GLÜCKSMOMENTE in unserem Leben an, ein redensartlicher Vergleich, rasch fliegender Vogel, ich kann mich bei Dunkelheit beinahe besser orientieren als im grellen Sonnenlicht, Neumond und Neger, die Ähnlichkeiten der Menschen fielen mir auf : im Speisesaal des Hotels gab es fünf oder sechs Leute, die mich an Bekannte und Freunde daheim erinnerten, manchmal war es eine innerliche Ähnlichkeit, oder zwei vertraute Menschen vereinigten sich in der fremden Figur und bildeten ein seltsam anziehendes Zwitterwesen, ästhetische Arrangements?, von ferne, an der Küste, vom angrenzenden Wäldchen und Buschwerk her, etwas wie rauschende Kinderstimmen, gefiederte Chöre, auch einzeln und bunt durcheinander, eine riesige Möwe strich über der Bucht, das rauschende Leben so rot und bunt, dieses Bild war einmal ein Traum von mir, der eine mit dem Kopf zum Himmel, der andere mit dem Kopf zur Erde, der eine rot, der andere blau, der eine hell, der andere dunkel. Eine entgegengesetzte, eine korrespondierende Farbe, die divergierenden Farben und Düfte, die Sturmfahne am Strand, *die tränenlosen Augen voll Weihwasser usw.*, die verlassenen Strände, gleichfarbig, gleichgestaltig (bei Nacht), manche Kinder haben eine Zitrone in der Brust, manche eine Vogelkirsche, im malvenfarbenen Licht, meine Gleichgültigkeit mir selbst gegenüber : *nur ein Tumult*, sonst nichts, meine Knie betäubt wie

mein Kopf, die Augen brennen, mein ganzer Körper in einer Fallposition, ich stehe im Wege, lethargische Schlafzustände, bin wie versteinert, in Erstarrung begriffen, meine Gedankenexistenzen löschen sich selber aus, Liebe für das Schmutzige, mein verfaulender Name zum Beispiel, ich suche Gegenstände in meiner Behausung aber finde sie nicht, ich suche ein Buch, aber ich finde das Buch nicht, ich gehe in die Buchhandlung und kaufe es ein weiteres Mal, ich gehe in Achtern, wenn ich etwas suche, mein Kinn zerplatzte am Eis, ich bin sehr normiert oder was, ich lüge schon wieder, alles gelogen, nein, keine Katastrophen nur die gewöhnliche Alltagsmisere, viel wäre schon bald geschehen, daß ich hinter deine Zeilen blicken kann, obgleich handschriftliche Briefe mir immer Leseschwierigkeiten bereiten, ich übersehe mich, habe mich übersehen, ich habe mein in Gedanken versunkenes Gesicht in einer Schaufensterscheibe wiederentdeckt, wenn innerhalb eines maschinengeschriebenen Briefes plötzlich Handschriftliches auftaucht, ist es wie Flüstern innerhalb einer laut gesprochenen Sequenz, jemand (eine Frau) habe sie in die Hand gebissen, sagt Rosi, sie könne kaum jemand davon erzählen, wie sich dann später die Hand auch sehr geschält hat, sie verfalle manchmal in Zustände einer Bewegungslosigkeit, lasse dann alles mit sich geschehen, verfüge über keinerlei Abwehrkraft mehr, es komme auf das Ineinanderfließen der Wellen an, was auch Harmonie zwischen den Menschen bedeuten kann, angesichts des Meeres ..
morgen wird ein richtiger ADRIATAG!, oder : morgen wird richtiges ADRIAWETTER!, so verkündete Rosi

jeden Abend, ich verschluckte mich und der Speichel rann an mir herunter, das ist eine Alterserscheinung, ja, das ist meine Überzeugung, es verursacht mir ein Gefühl von Übelkeit und Scham, ich versuche durch sinnloses Geplapper davon abzulenken, auf dem Rücken des Meeres mit Schaumkronen, oder das Pendeln mit Gegenständen (Pferdeohr), das habe ich gut behalten, alles an Gebrauchsgegenständen in doppelter, ja dreifacher Ausführung im Hause zu haben, ich kann meist jene Dinge, die ich gerade dringend brauche, nicht finden, sogleich eile ich, sie ein zweites, ein drittes, ein viertes Mal zu kaufen, in Kleidern und sonstiger Umgebung, es wird sonnenklar daß . .

Trauer und Anarchie der Sprache. Der Kampf den du kämpfst, sagt Stella, um immer neue Ausdrucksformen zu finden, ist erbarmungslos; sie glaube aber, daß die zweite Hälfte des Jahres mit diesen und jenen großen Ereignissen unter einem besonders günstigen Stern steht und viel Gutes für die Zukunft signalisiert, es sei ja so wichtig daß man sich an der hoffnungsvollen Vorstellung eines *Poesieparadieses* festhalten kann, wenn fast alles außen um einen herum unabsehbar und unheilvoll stürzt und wirbelt, also Blendwerk und Willkür ist. Im Verlaufe des Wunderbaren, *hin und her* jeden Morgen, die Absichtslosigkeit läßt die Potenz am schönsten hochschnellen, bläuliche Weißtöne gegen den Himmel, ein Stück paradiesischen Zustandes, Farbkreise sehen, die Engel genannt werden, usw.

Verflixt, da bin ich schon wieder vom Thema abgeschwenkt oder abgekommen, ich meine ich war fast ständig in Tränen aufgelöst, weinte bei allem und jedem, es ist so schön auf dieser Welt ich werde mich immer daran erinnern, schrieb FEDOR / VATER auf einen Zettel, ehe er ins Krankenhaus kam, wo er bald darauf starb, er winkte noch lange über den Korridor, als ich meinen letzten Besuch bei ihm beendet hatte .. das Küchenfeuer wetterleuchtete hinter der Glaswand des Gartenrestaurants, wo wir saßen, das Meer vor uns, die vielen Tage die ich kauernd zu seinen Füßen verbracht hatte, als Kind, er hat mir so vieles nahegebracht, auch die Harmonie und die Sterne, er liebte die Wärme, die Sonne, die linde Luft, im Blütenregen, er liebte es mit auf dem Rücken verschränkten Armen lange Spaziergänge zu unternehmen, hing dabei irgendwelchen Erinnerungen, irgendwelchen Tagträumen nach, war schweigsam und glücklich .. ich lasse mich in meine eigene Tiefe fallen, manchmal versuche ich mich herauszuarbeiten in eine Freiheit nach der ich trachte auch Wahnschöpfungen usw. (der Fingerfächer oder Morpheus auf der Parkbank : alter hagerer Vagabund), so genieße ich langsam die Momente, buchstäblich alles, also aus allem beziehe ich meine Sprache, Material aus verschiedensten Quellen, Bild, Gespräche, Musik, überhaupt die Musik, überhaupt habe ich der Musik immer unrecht getan, sie immer ins Unrecht gesetzt oder wie soll ich sagen, vermutlich habe ich die Musik immer nur für meine literarischen Vorhaben ausgebeutet, mein Verhältnis zur Musik ist immer parasitär gewesen, überhaupt mein Verhältnis zur Welt, zu den Menschen, also die wankendsten Fundamente einer Gedankenwelt .. mit vielen Federn und Federkielen und wie es

mich in halluzinatorische Stimmungen versetzt hat ..
er fuhr auf dem Rad, damals inmitten der anderen Fahrzeuge an der Kreuzung, in einem Traum, auf die Ampelschaltung achthabend, so ein Glänzen auf seinem Gesicht, ich spreche von M. S., aber er ist mir in eine Ferne gerückt und ich habe manchmal Schwierigkeiten, ihn mir vorzustellen, ich kann ihn noch als Gedankenwesen begreifen, aber ich kann ihn kaum mehr vor mir sehen, bald wird seine Gestalt in mir ausgelöscht sein, es war eine jahrelang währende *Blitzbegegnung*, er schien einer von diesen seltenen LICHTMENSCHEN gewesen zu sein, die viel Licht in sich sammeln und dieses an die Welt und die Menschen verströmen, er strahlte einen Glanz aus, da konnten sich alle an ihm aufrichten, und alle sich in ihm spiegeln, er reflektierte tatsächlich, auf der Höhe des Himmels, manchmal mußte ich den Blick zu Boden schlagen, goldene Himmelsstrahlen die mich blendeten, Angriff auf meine Augen. Der blanke Strahl aus seinen Augen, ich glaubte durchbohrt zu werden, das ist vermutlich der Grund, warum ich auch jetzt noch immer mit dem Kopf zur Erde gewandt gehe, ich meine ich wage kaum mehr aufzublicken, schon blitzt es von überall ..
mein eigenes Abweisen, Bannen, ich tue mir Fremdes an, eine Vielfalt von Widersprüchen durchbebt mich, meine Gedankenexistenzen geraten ins Wanken, Tellerreiben als Kind, das Äffchen auf der Estrade, auch Tellerminen, ich nahm den mit bunten Blumen und Vögeln verzierten Teller und stellte ihn auf den Frühstückstisch, man trifft auf so viele Menschenseelen im Verlauf eines Lebens, und es passiert mir immer öfter,

daß mir ein Name, ein Gesicht entschwindet, gestickte Landschaften Paris, die perlenbestickte Provence, das sich begrabende Meer (nach Rafael Alberti bilden die Sterne die Nägel an seinem Sarg). Der automatische Blick und Griff des Apothekers nach dem Zettel in meiner Hand, weil er darin eine Rezeptverschreibung des Arztes vermutet, haariger Mensch wie riesige Vogelspinne, so spielte ich immer wieder die unendlich langweiligen Spiele des Lebendigseins durch, jeden Morgen von neuem, nämlich ist Ziege gleich ungeboren?

Das Sirren der Frühe, wenn ich das Fenster öffne, um unten in der Straße die *kalenderhörigen* Leute zu beobachten, welche der unfreundlichen Witterung Trotz bietend, mit nackten Füßen laufen oder in Sommerkleidern, nur weil der Kalender den Juli anzeigt . .

erhabener Augenblick des Tages : das zu Bett Gehen, mit der Abendlektüre beginnen, Notizblock und Stift neben dem Buch, darüber der Heiligenschein der Lampe, und zu jeder Zeit und überall exzerpieren, immer die Lektüre zur Hand haben, im Wartezimmer des Arztes, an der Haltestelle der Straßenbahn, dabei mit Schreibheftchen und Stift jonglieren bis beides zu Boden fällt, die Umstehenden unterdrücken ein mitleidiges Lächeln, im Bahnhofsrestaurant während des Essens, um zu vermeiden, daß man die Blicke die einen treffen erwidern muß, die Widderchenarten zum Beispiel in Maria Himmelfahrt, meist von kleineren Falterfamilien verfolgt, oder auf offenem Bahndammgelände, auch oberhalb des Bahndamms, in einer Hügelkuppe, schon umflog ich selbst als Kommafalter, Gemeines Blutströpfchen, Waldportier die beschriebene Anhöhe –

ich bin ein Irrgeist, Gelegenheitsgast auf der Erde, ich glaube, uns ist nicht mehr zu helfen, wer hat das gesagt, so mehr im Somnambulen herumtauchen, menschenfremd wie ich bin.

## *11. wie soll man wissen wann alles begann*

wie soll man wissen wann alles begann, ich befrage die Familienältesten, sie wissen es auch nicht, ich befrage Stella, *Modewahrsagerin*, sie kann nur in die Zukunft blicken, nicht zurück, ich verfluche Gott und die Welt, ich möchte wissen wie es begonnen hatte, da war doch etwas mit einer Sommerlaube, in welcher ich gezeugt worden sein soll, während eines Gewitters, ein Tumult oder was, die übrige Familie im Haus, so konnten meine Erzeuger sich Zeit lassen, es war genau an dem Ort, an den ich dann später immer wieder so gern zurückgekehrt bin, die weißhäutigen Birken, wehenden Trauerweiden, der schotterbeladene Bach, oder so stelle ich mir das alles immer vor, bin aber nicht sicher, ob es wirklich so war, ich stelle mir vor, ich habe alles beobachten können was damals geschah, durch mein grünes Ohr und Zungengebüsch, durch mein winziges Spähfenster habe ich alles beobachten können, und gnadenweis früheste Körperauffassungen, beim Atemholen, Augenaufschlagen und -schließen, beim Segeln mit angehobenen Schultern, wie ich es den Schwalben abgeschaut hatte, dann dieser Ausbruch von Tränen, ich äuge hinaus, über den Rosmarinstock vor dem betauten Fenster auf den leptosomen Rücken des Bergs gegenüber, wo Sonne und Mond in Gestalt eines goldenen und silbernen Vogels auf- und absteigen, *ich bin so versessen darauf aber nichts gelingt mir*, ich kann mich an nichts mehr erinnern, unter Wasser bin ich ein Heiligenschein undsoweiter.

Ein Phänomen, daß Rosi alles aus meiner Vergangenheit hervorzuholen wußte, unsere gemeinsam verbrachten Kindheitsjahre, daß sie mir meine Vergangenheit wie eine Geschichte über jemand, den ich nicht kannte, vorsetzen konnte, eine fremde Lebensgeschichte, und mir wieder in Erinnerung zu bringen suchte, was ich längst vergessen, oder abgestreift hatte, so daß ich mir vornahm, öfter mit ihr zusammenzukommen, um mehr aus meiner Vergangenheit, aus dieser mir so entlegen vorkommenden Zeit, zu erfahren, ein Tumult oder was. Oder habe ich nicht gesagt, es sei nötig, wolle man einmal gehabte Vorstellungsverknüpfungen wiederaufleben lassen, sich mit Steigeisen Schritt für Schritt im unwegsamsten Gelände rückwärtszutasten. Was werde ich sehen, was werde ich alles erkennen, wenn ich versuche mich zu konzentrieren, wenn ich versuche, die möglichen Ergebnisse unserer *Konversationsübungen* zu erfassen, zusammenzufassen und niederzuschreiben .. Annäherungen an Vorstellungen, die unzähligstemale in mir hervorgebracht, in irgendeinem Bergdörfchen, in einem Sommer, längst vergangen, aber ich gehe in meinen eigenen Fußstapfen, ich nehme vorweg, was immer wieder bevorsteht, ich nehme vorweg, was bevorsteht und ich wiederhole in mir, was oftmals geschah – das habe ich gut gelernt, jeden Schritt auf den sumpfigen Wiesen, jeden Abwärtssprung über den Hang, zwischen umherliegenden Steinblöcken hindurch, geduckt unter niederhängenden Zweigen, im Schatten des wilden Jasmin, den wilden Jasmin an der Schulter, es duftet nach Lindenblüten, Liguster, ein Zuvor und Hernach, immer im

Jetzt ein Zuvor und Hernach, nie das Jetzt jetzt, endgültig einsam im grünen Zwillich, Zugeständnis einer Bewegungslosigkeit, einer Erstarrung am Frühstückstisch, unfähig etwas zum Munde zu führen, unfähig ein Wort zu sprechen, das Sonnenlicht so schwach, daß der Schatten kaum mehr als Schatten wahrzunehmen ist sondern nur noch als graues und fahles Licht, sie sei manchmal so schwach gewesen, daß sie nicht sprechen wollte, Stella sagte mir, als ich sie wieder besuchte, sie sei manchmal zu schwach um zu sprechen, wir nähern uns einander immer mehr an ..

vielleicht spiele ich mir das alles nur vor, Katarakte des Auges, dunkles Blut einer Pelargonie, in Blütenform also blutstropfenweise verstreut, die Beunruhigungen durch die Liebe sind überstanden, manchmal, sekundenlang, in allerfeinsten Erinnerungen schwelgend, indem ich Jesus und die Unbefleckte Jungfrau anflehe, weiterschreiben zu können, ich hatte lange keine Gebete gesprochen, ich war überrascht, daß ich alles noch auswendig konnte, bei jedem einzelnen Wort der Gebete fürchtete ich, sogleich steckenzubleiben, kaum habe ich ein Kapitel fertig, denke ich schon an das nächste, solange man noch die Sprache hat, zur Verfügung hat, sagt Stella. Kaum hatte Stella eine Hutkreation fertiggehabt, dachte sie schon an die nächste, die Anregungen überschwemmten sie förmlich, die Anstöße von außen wirkten ununterbrochen auf sie ein, eigentlich ist die Mode eine ständige Ansteckung, da war auch so eine ansteckende Torheit in meiner Kindheit, *dieser bernsteingelbe Haarreif*, wenn ich ihn überstreifte schnitt an den Schläfen ein, aber ich wollte ihn unbedingt tragen, alle Freundinnen (auch Rosi) trugen solche Reifen im Haar, FEDOR war ärgerlich, verbot mir, ihn zu tragen, während Stella meine erste kleine Eitelkeit in rührender Weise in Schutz nahm und mich verteidigte – mein Herrverzehr Herzverzehr Ohrenzwang : bei Sturm geduckt durch die Wälder immer geduckt, durch das Spähfenster, draußen die Welt immer draußen, ich immer drinnen, durch mein grünes Ohr und Zungengebüsch, durch mein winziges Spähfenster habe ich alles beobachten können, hier drinnen, rufe ich, finde ich noch ein wenig Halt, sonst Irrung und Finsternis, Seelenanstrengung, die schlimmsten Nervenkatastrophen, etc., oder Gott und die Welt verfluchend, wie soll man wissen wann alles begann, mit sich allein braucht man sich nicht vor seinem Gesicht zu schämen, die Gedichte in einer Talsohle, stammelnde Raserei, *es ist lange nichts im Kopf und dann ist plötzlich etwas auf dem Papier usw.* – Indem ich Jesus und die Unbefleckte Jungfrau anflehe, oder Gott und die Welt verfluche, indem die Gemeinschaft sich auflöst, redet der Mensch sich in den Segen, der Jasminbusch blüht und neigt sich bis an den Boden, darunter zu liegen betäubt die Sinne, in aller Eile habe ich heute morgen vor Sonnenaufgang den Jasmin gepflückt und an dich aufgegeben, eine Ahnung von Duft, ich löse mich ganz auf in diesen weichen und warmen Brisen, der Südwind fächelt, der Schatten glühend, das Fortsetzen, das Fortgesetzte der Bilder, oder wo ich die Augen hinhefte –

und während Rosi statt eines Spatens die Hände benutzend, dort an einem WETTERSTRAND, während sie an diesem *Sandkabriolet* arbeitete, fiel es mir wieder ein, wie ich vorgegangen war, oder wie es mir vorkam, daß ich vorgegangen sei : jeden Morgen die Erde tiefer ausheben, den Stollen weiter aufgraben, die ausgehobenen Erdklumpen höher auftürmen, tief unten in der Künette stehend, sich den Schweiß von der Stirn wischend, bis man selber beinah verlorengeht, das ist eine Metapher. Das sind die brückenschlagenden Momente, von Tag zu Tag und von Nacht zu Nacht, wie Efeugerank spinnt es sich fort, und alle Genres durcheinandergemischt . .

*mit der Wahrheit soll man die Lüge überwinden*, Betonung des Kopfes, in der Abgeschiedenheit des Ortes sind mir die Morgen heilig, und wehe mir, wenn ich es unterlasse, den Morgen andachtsvoll zu beginnen sondern mich verleiten lasse, nach weltlichen Dingen zu schielen, also ich meine wenn ich nicht den Verstand verlieren sollte, hatte ich mich jeden Morgen mit meiner *Worteinfallskunst* auseinanderzusetzen, ich hatte mich jeden Morgen an meinen Schreibtisch zu setzen und der Dinge zu harren, die kommen würden, oder ich hatte nach etwas auszuspähen . . Hirschkäfer welche im Garten flogen, Maienkäfer (Goethe), himmlische Notenschrift, auch Düfte Töne Meerpartie, dann lese ich während des Gehens.

Aber ich werde vielleicht später darauf zurückkommen, aber ich gehe jetzt langsamer, die herabgezogenen Mundwinkel im Spiegel, die verkrampften Züge, der von Bitterkeit erfüllte Blick, ich ertrage es kaum mehr, das Wort TRAUM ausgesprochen zu hören, ich ertrage es nicht mehr, dieses Wort zu gebrauchen.

Wo war ich abgeschweift, etwas räderte in meinem Magen, Solarplexus blauviolett, sich der Eingebung willig ergeben, unverdrossen am Steuer und dergleichen. Mein Gedächtnis kaum mehr abrufbar, aber immer wieder flackernde Unruhe, Drang, etwas aufzuschreiben oder wie soll ich es nennen, begabt mit der Fähigkeit, sich der letzten also rohen Reserven zu entäußern, bis man vollkommen ausgeleert und erschöpft umsinkt, zu Boden sinkt Vorrecht der Blutarmen, wer hat gesagt *wolkenlose Dinge*? dieser Aufruhr in meinem Innern, du bist das Wesen, mit dem mich die meisten Gemeinsamkeiten verbinden, ebenso Grausamkeiten, meine unnützen unhaltbaren Schriften, wie du sie nennst, *dieser ewige Sturm daß die Sonne –*
wieso soll ich nicht zwei Sachen gleichzeitig tun können, wieso unterstellst du mir, ich könne nicht zwei Sachen gleichzeitig tun? zweifelsohne kann ich zwei Sachen gleichzeitig tun, aber nicht so *daß das eine Auge hierhin blickt und das andere dorthin*, während die Schuppen mir abfallen, ein anderes Mal hast du mir vorgeworfen, ich bildete mir etwas darauf ein, AUS NICHTS ETWAS GEMACHT ZU HABEN, oder ich beharrte allzu ausschließlich auf der Forderung, MAN MÜSSE AUS NICHTS ETWAS MACHEN, Erklärungen keine.
Dieses Kapitel konzipieren heißt, die ganze Wohnung nach verstecktem Zuckerwerk absuchen, nämlich ein dringendes Verlangen befriedigen, eine pochende Begierde stillen : immer mehr immer mehr! immer weiter und weiter!, wohin führt es mich, wohin treibt es mich, ich sehe keinen Endpunkt,

keinen Anfang mehr, wie hatte ich begonnen, wie überhaupt beginnen können!, wie hatte ich überhaupt je den Mut, nein die Tollheit aufbringen können, damit zu beginnen, wie hatte ich je den Entschluß fassen können, mich auf ein solch zweifelhaftes und ungewisses Unternehmen einzulassen?, mit dieser höhnisch nagenden Stimme im Hintergrund : DASS NICHTS DARAUS WERDEN KÖNNE!, vom unwiderstehlichen Zwang getrieben, ES zu tun, ES wieder und wieder zu tun, heimliche Freveltat, Blutfestival, Brennesselgefühl in den Füßen ..
indem ich anstelle ihrer stumpfen Trägerinnen bekenntnishafte T-shirts in der Straße an mir vorüberziehen lasse : (»ARBEIT MACHT KRANK«), stelle ich mir vor, wie es wäre, wenn du auf meine Briefe nicht mehr reagieren würdest – ein Schmerz als ob plötzlich alles Licht ausgegangen wäre? –
Von dem Tanzabend mit R. H. ist mir vor allem die Callas-Stimme geblieben, ich hörte sie im Leben nur einmal als sie schon im Absteigen war, die mühelosen Triller nachtigallenhaft, auf dem umbuschten Hof gegen drei Uhr früh die Amsel, wenn ich zu Bett gehe, ihr Gesang tröstet mich, unsere letzten Briefe haben sich gekreuzt, einander zugeblinkt und dabei je mehr von ihren Absendern gewußt als wir, die wir sie schrieben, um das Mehr nämlich was an Zeit vergangen war, seit wir sie schrieben ..
aber was sage ich da, ich habe alles erfunden, ich habe einige Projekte erfunden, ich meine Bildfolgen, ich brauche nur an einen schwachen Menschen zu denken, schon erstarke ich. Weil ich meinen Mitmenschen immerzu kleine Nischen und Logen baute, wo

sie sich in Geschütztheit bewegen konnten und ich ihnen alles, jede Freizügigkeit, schon im voraus zugestand – denn auch die unwahrscheinlichsten und zwiespältigsten Situationen und Umstände konnten mich weder erstaunen noch überraschen noch befremden –, erwartete ich das gleiche Verhalten von ihnen mir gegenüber, und wurde jeden Tag aufs neue schmerzlich enttäuscht, ich konnte mir nie erklären, warum dieser Austausch sich so ungleich vollziehen mußte, warum ich selbst, der ich meinen Mitmenschen auf allen Gebieten so großzügigen Vorschuß gewährte, bei diesen beinahe keinen Kredit genoß, sobald mein Verhalten auch nur im geringsten den Alltagsregeln widersprach, warum sie mir nicht meine kleinen Verrücktheiten zugestehen wollten, da ich ihnen doch alles an Freiheit eingeräumt hatte, warum ich von ihnen immerzu in die Schranken verwiesen wurde, und warum sie durch meinen bloßen Anblick in einen Zustand der Perplexität verfielen, der auf mich selbst als *Bodenlosigkeit* zurückwirkte –

ein Tumult oder was, vielleicht Erinnerungsfälschung, die hübschen roten Seidenstiefelchen der Taube in denen sie mit wichtiger Miene auf dem Bürgersteig hin- und hertrippelte, als wartete sie auf jemand der sich verspätet hatte, die Rosenknospe daneben (winziges Windrad?) aus einem im Rinnsal zusammengerollten roten Billet.

beherzte Promenade; ich gehe in eine Vernissage hinein und gehe sofort wieder hinaus, weil mir das Gedränge eine schreckliche Atemnot macht, ich meine ich gehe in eine der ersten Vernissagen des heurigen *Kunstherbstes* hinein und gehe sofort wieder hinaus, weil ich angesichts der durcheinander drängenden Menschen, welche mir auch noch die ausgestellten Bilder verdecken, die zu sehen ich gekommen bin, schreckliche Angstzustände bekomme, sie betrachten die ausgestellten Bilder überhaupt nicht sondern gehen mit hochgereckten Hälsen, wie um alle Anwesenden überschauen zu können, pausenlos hin und her –
ich fühle mich geniert, ich bin auch die ganze Zeit nur Kulisse, beobachte mich beim Schauen, meine Geistesanlagen sind verkümmert ich habe keinen Namen dafür, habe ich eine Verhaltenskrise? besitze ich keine Unmittelbarkeit mehr? jetzt ist es mir gleich was ich anhabe, ich möchte mich wiederfinden, jetzt kommen viele Eigenschaften meiner Eltern und Großeltern wieder zum Vorschein in mir, bin ein uferloser Mensch, habe ich ein urteilsloses ich meine uferloses Gehirn? auch kommen gewisse Eigenschaften und Eigenheiten M. S.'s wieder ans Tageslicht, überhaupt scheint es mir, ich sei nur zusammengesetzt aus Einzelteilchen aller Menschengehirne, mit welchen ich je in Berührung gekommen bin, usw., heute nacht habe ich notiert : muß noch mehr als bisher Bildunterschriften Dalís einbringen, ist das Schwarz eine Abwesenheit oder Verneinung? (Claude Simon) –

bin ich zwei Menschen (Medusen)? : kann mich selbst nicht mehr einschätzen, man verwechselt mich auch mit anderen Existenzen, ich meine man gibt mir manchmal andere Namen, schließlich trete ich als andere Person auf, welche Qual, statt als Naturexistenz als irgendeine Kunstexistenz auftreten zu müssen. Auf dieses Regenwetter habe ich ja nur gewartet, wenn der Tag mit dunklen Quasten .. weihrauchdurchduftete Nebel, jetzt gebe ich mich wieder meiner zweitliebsten Beschäftigung nämlich dem Schauen hin (der Rocker in der nächtlichen Straße, den Sturzhelm als Körbchen am Arm!), das sind dann meine Geistesphantasien, ich habe keinen Namen dafür, andererseits fällt es mir immer schwerer, Musik zu hören, etwas Musikalisches an mein tobendes Ohr dringen zu lassen, was sollte es auch damit anfangen? ich bin der Musik entwöhnt, sie scheint mir ein überflüssiger Schnörkel, eine Draufgabe des Lebens, und dabei hatte ich einmal davon *gelebt*!, das waren die wilden Jahre, ich hatte einmal von *Keith-Jarrett-Musik* gelebt, hätte ich damals an diesem fremden Ort nicht zehn oder elf Keith-Jarrett-Platten zur Verfügung gehabt, wäre ich wahrscheinlich zugrunde gegangen, ja, das ist meine Überzeugung, damals verließ ich das Haus überhaupt nicht an jenem anderen Ort, weil ich zu jeder Stunde seinen Besuch erhoffte, ich spreche von M. S., ich ging in diesen drei oder vier Wochen überhaupt nicht mehr aus, weil ich immerzu hoffte, er würde mich aufsuchen, und ich vertrieb mir die Zeit mit dem Anhören von Keith-Jarrett-Platten, was hätte ich anderes tun können, es fehlte mir ja in diesen Tagen an Ruhe und Aufmerksamkeit, um Bücher lesen zu können, ich ging in meinem Zimmer auf und ab, spielte pausenlos Keith-Jarrett-Musik und blickte zuweilen auf die Uhr. Das waren die wilden Jahre, so habe ich mich geweigert, erwachsen zu werden, ich habe keinen Namen dafür, unter der einheimischen Haut die Perlendecke des Waldes nicht wahr, oder der Wald über den Hängen mit seinem Perlengeflimmer am Morgen, und habe ich nicht gesagt die vergeblichen Nachtwachen, hungrigen Augen, wenn der Tag mit dunklen Quasten, beherzt . .

ich sage Nachtwache, Nervenapparat, vergebliche Augen, aber ich weiß nichts davon, ich sage Gebirgsdörfchen, aber ich weiß nichts davon, ich habe keinen Namen dafür, in meinen Gebetsphantasien sitze ich wieder auf der Schwelle und starre in das grüne Laubgeflitter, ich gehe in meinen Gedanken durch diesen feuchten riesenhaften Wald, durch diese Naturlust, durch diese Naturkulisse, durch diesen Rosenlorbeer, Sonne und Mond zu Füßen, den schattenden Wiesenrain entlang, ein verschüttetes Rehkitz auf dem schwarz-blauen Zierteller, ein aufsteigendes Schwalbenpaar, eine Art Weltgewissen auf meinem Frühstückstisch, eine winzige Luftblase zittert im wolkenlosen Himmel, ich sehe diesen paradoxen Schlangenbaum, Ende August, also entsteht Poesie aus Ungewißheit? –

Immer häufiger gehöre ich jetzt nicht mehr mir selbst, die Angst vor dem NICHTS in meinem Schreiberhäuschen (Schreberhäuschen?), das immer enger zu werden scheint, ich stehe mir selbst im Weg, weiß oft nicht, wie ich um mich selber herumgehen soll, bin einer gewissen Verwahrlosung ausgesetzt, ein uferloser Mensch, *habe den ganzen Tag Heimweh nach meinem Bett oder was man an einfachen Dingen sonst noch aufsagen kann*, im Gras, im Grün das Feuergefunkel zu meinen Füßen, heute einen riesigen Regenbogen gesichtet, mit seinem linken Fuß im Tal und im Flußbett, mit seinem rechten auf den Almhöhen hinter mir nahe der Sprungschanze, wenn ich dich anrufe, ist es vielleicht ein Einbruch in deine Arbeitsstille, so will ich es lassen, da mir niemand antwortet außer dir, muß ich aufpassen, daß ich nicht untergehe ich meine weil ich ja kaum zu jemandem spreche, alles scheint sich aus WIEDERKÜNFTEN zusammenzusetzen, auch lernen wir es mit der Zeit : ich sitze immer wieder hier auf der Schwelle, und ich gehe immer wieder aus dem Haus und in der Straße, und ich esse immer wieder meine Mahlzeiten, und ich lege mich immer wieder zur Ruhe, und ich spreche immer wieder die gleichen Dinge, meist zu mir selbst, und ich staune über die immer gleichen Empfindungen und Gedanken bei den nämlichen Tätigkeiten und Handlungen, und alles scheint sich endlos zu wiederholen, endlos sich anzugleichen, und eigentlich sollten wir schon genug davon haben, und weil wir diese unsere Lektion oft genug wiederholt und hergesagt haben, sollte es jetzt schon einmal Schluß damit sein, und wir sollten endlich zu etwas anderem übergehen können, aber dieses Andere ist ungewiß, während wir das, was wir jahrelang, jahrzehntelang gedacht und gefühlt und getan haben, etwas wie ein sicherer Rückhalt für uns geworden ist, und wenn es uns auch manchmal langweilig vorkommt, möchten wir es um keinen Preis aufgeben oder eintauschen gegen dieses Andersgeartete, Unbekannte, Unerforschte, Bedrohliche, Fremde. Drei oder vier Regentage Langmut, bin am Verstummen. Das rüttelte alles heftig an mir, angesichts des Sturms aus Vergangenheit und Zukunft, der Körper in einer Fallposition, ein Drama aber auch Trauma, schimpfliche Lebensumstände nicht wahr, dabei läßt sich alles so leicht verdrängen –

versuche dennoch, immer wieder über die Wurzeln nachzudenken, mathematisch könnte man genau errechnen, wo die störenden Strömungen entstehen, aber ich verstehe nichts von Mathematik, habe nie etwas davon verstanden. Diejenigen, die das Rot erzeugen, sind eigentlich blau, Rot ist die Farbe der Unsterblichkeit? Ist Blau oben? ist Blau die Vorstellung, Rot die Vollendung? ist die Verbindung zum Göttlichen unterbrochen? in welche Irrgärten hat uns die Zeit getrieben, manchmal muß ich glauben wie doch alle Ordnung Heuchelei ist, die göttlichen Ordnungen so weit entfernt ..

mit ihren baren Augenschößen, ich meine die heilige Clara, während ich im Wald gehe, ein Sproß Basilikum, und dann denke ich während dieser Fußwallfahrten, immer fühle ich mich in der Situation des Angeklagten (was habe ich verbrochen?) und die ganze Welt besteht nur aus Geschworenen, die ihren Richtspruch über mich fällen, im nächsten Augenblick : in mein zerrissenes Gesicht hinein, und dann höre ich, während ich durch diesen tropfenden grünen Wald stapfe, von fern her die beinah schon vergessene Stimme von M. S., wie sie sagt Du wirst

AUS ANDEREN : GEHEIMEN QUELLEN GESPEIST, und damit spielte er auf meine Art und Weise zu schreiben an, und dann höre ich, wie seine Stimme sagt DU WARST IMMER EIN PHANTAST, DU WARST SCHON EIN PHANTAST ALS WIR EINANDER KENNENGELERNT HABEN, ich hätte es als zärtlichen Zuspruch, aufmunterndes Lob verstehen können, aber dann sagte die Stimme MIT DER ZEIT WIRD DER BEGEHRTE KÖRPER NICHT MEHR SEIN, und das ließ mich in Tränen. Aber es ist nichts zur Sprache gekommen, und ich führe meine Vivisektion an mir selbst fort, und ich denke mein Werk ist klüger als ich – wer hat das gesagt?
Dieser Aufwand des Herzens, nach Mitternacht begann der Regen, ich habe eine seltsame Tapete im Himmel, Uhu mit gelbglühenden Augen und Bart, ich bin mit geschlossenen Tränenaugen davor, Rosi schenkte mir die Madonna mit dem zerrissenen Gesicht aus Neapel, Geheimnis von Liebe –
sie als Nichtraucherin, ich spreche von Rosi, mit Zahnstocher zwischen den Lippen, da fährst du besser, ruft sie mir zu, ich weiß nicht, was gemeint ist, wie eine Gottesanbeterin ganz grün bewegt sie ihren Kopf immer dorthin, wo sie Menschen sprechen hört, man sah dort, von dort hinunter ins Tal, die Sonne im Nebel versunken .. sie vermochte es, bei direkten Fragen geschickt auszuweichen, ihre Intelligenz hielt ihr jederzeit die verschiedenartigsten Schlupflöcher offen, sie geriet kaum je in Verlegenheit, nie durfte man sich von ihr eine eindeutige Belehrung, eine klare Auskunft erwarten, sie war vielmehr in einer Weise anmaßend, überheblich, auch rücksichtslos, wie ich es sonst nur mit vollkommen ungebildeten oder ro-

hen Menschen erfahren hatte. Die Trikolore ihrer Augen hissend, wechselte sie zwischen brummenden beleidigten Kleinmädchenallüren und vergnügter Lebenserfahrenheit, zwischen Nervenschwäche und robuster Naturverbundenheit, auch politisierte sie gerne, (mich persönlich hat die Politik nie interessiert, auch neigte ich zu einer Art Geschichtsfeindlichkeit, in dieser pausenlosen Krise meiner frühen Jahre), aber manchmal nimmt ihr Lammgesicht einen gewöhnlichen Ausdruck an. So lange war die Sonne verschwunden, als sie nach zwei oder drei Wochen wiederkam, war es ein ganz ungewöhnliches Ereignis, *eben beunruhigend.*

Mittagsgold, schreibst du, davon ist hier allerdings keine Rede, es regnet, es herrscht Dämmerung seit mehr als zwei Wochen und das bedeutet hier im Gebirge Kälte und Nässe, das sitzt auch schon in den Kleidern, im einzigen Mantel, den ich hierher mitgenommen habe, weil die Sonne so lange nicht geschienen hat, wirkt sie künstlich (beherzt), wenn sie für ein paar Augenblicke hervorkommt, usw. Mein Schreiberhäuschen ist im Grunde ein einziger Merzbau (johannisblau), nach außen hin wird viel beschnitten und gestutzt, aber die Blumenbeete wachsen durch die Gartenzäune, man läßt sie wie man mich hier leben läßt, ohne nachzuharken, die Kleingärten sind voll weißer Nelken und Chrysanthemen, dieses Bild hat mich angezogen, im NATURMUSEUM sah ich viele Kinder in Gläsern, jetzt ist September, milchiger Tag. Es geht um die *Geisteswahrheiten* in mir und um mich herum, zwischen Denken und Fühlen, ich stolpere mit meinem Schirm durch den triefenden Wald,

im Regen, es ist vielleicht heilsam, *aber ich erlebe mich meist als Auslassungszeichen, Wüste in Tirol; mein Kopf so leer!* –
ich habe keine Meinungen, ich habe keine Gesinnungen, ich besitze keine Meinung von mir selbst, von der Welt, von den mich umgebenden Menschen – wie auch. Dann waren plötzlich zwei Sonnen am Himmel : als ich heraustrat aus dem Wald, zeigten sich deutlich zwei Sonnen zu beiden Seiten des Himmels. Bald darauf schob sich aber eine Wolken- und Nebelwand vor und alles verfinsterte sich augenblicklich, ich besitze ja kein eigentliches Intelligenzpotential, das ich bei meiner Schreibarbeit anwenden könnte, sondern ich muß alles mittels meiner ärmlichen Naturexistenz bewerkstelligen und vorantreiben, *hauptsächlich mit Leib und Seele*, und es scheint mir, kein Bereich ist da auszusparen, so bin ich auch nicht imstande, irgendetwas anderes zu tun als mich meiner Schreibarbeit hinzugeben, nie könnte ich mich zum Beispiel heranwachsenden Kindern widmen oder hinfälligen Elternteilen, etc., und dann denke ich, während ich durch den triefenden Wald streife, und vom Tal das Schallen der Glocken zu mir dringt, *nur keine Story!*, auf keinen Fall eine Story zulassen!, das Äußerste ein *Erzählverlauf, wie Lebenslauf*, also keine Geschichte, keine Lebensgeschichte, da sind viele Auslassungszeichen, viele Löcher, das Licht der Sterne, das Licht der Sonne bricht durch diese Löcher hindurch, das Leben vergeht, zieht sich zurück, wie pausenlose Winteranfänge, aber die Löcher bleiben zurück, mit ihnen der Schein der Gestirne, der Schein der Dinge – oder habe ich nur alles erfunden? *M. S.*

*und ich seien die Liebe hinuntergeschwommen*? also habe ich alles nur erfunden und nichts entspricht einer tatsächlichen Besinnung oder Benennung, ich habe keinen Namen dafür, habe mich weder moralisch noch sozial gebunden, alles Humbug, habe nicht irgendwo Halt außer in meiner Schreibarbeit, ich streife das Reisekleid ab. Ich verfüge über keinerlei Gesprächsstoff, wie peinigend : man erwartet von mir daß ich etwas erzähle, oder ich fürchte mich vor den Leuten, die sagen ERZÄHL MIR WAS, oder ich möchte mich verkriechen, wenn jemand meine Meinung zu einer Sache zu hören wünscht, ich verfüge auch über keinerlei *Sprechmaterie*, meine Literatur entsteht aus Sprachlosigkeit, durch die Verweigerung meines Sprechens vermutlich, aus der Ratlosigkeit meiner stammelnden Zunge und dergleichen, in dieser *ungeschlossenen* Welt. Ich werde auf den Dachboden steigen und mein blutrotes Kleid zum Trocknen aufhängen, Herzbube schlangenhaft.
Rosi, Kindheitsfreundin, hat einen rosenholzfarbenen Bubikopf, sie erschien mir in einem Traum mit gehörntem sommersprossigem Gesicht, auf welchem schwarze lange Haare wuchsen, ich habe eine gestohlene Sprache; die möchte alles abgrasen (was unter Umständen die Grenzen des Plausiblen sprengt), *M. S. und ich seien die Liebe hinuntergeschwommen*, das heißt dann Phönix, allenthalben die *Menschenkühe*. Hagedorn um die Mittagsstunde wo ich jetzt wohne, versinken die Kühe in der nassen Wiese, eigentlich ist es das zähe flüssige Grün des Himmels, wiederkäuend lagern sie im hohen nassen Gras und starren durch die im leichten Wind schwankenden

Dolden des Schierlings, fast sieht es aus, als würden sie in dieser Nässe ertrinken wollen, oder sich ertränken wollen, ja als würden sie sich ertränken wollen in dieser zähen und grünen Feuchtigkeit, *das Pferd ist so neutral; die Schwelle die nach seinen Opern singt.*

man wird ja hie und da gezwungen auszugehen, sich zu bewegen, seine Exzerpierübungen ruhen zu lassen, obwohl man lieber zuhause also hier in diesem *Schreiberhäuschen* bleiben würde, um aus dem Spähfenster auf die gegenüberliegenden Gebäude, die Vogelbäume rundum zu blicken, die jetzt in einem milchigen Licht (zirpen) –
ich meine, immer wieder dieses Zusammenraffen und Kofferpacken, *was werde ich mir dorthin alles mitnehmen wenn es ans Ende geht*, ich nehme mir ja auf allen Reisen, und seien es die kürzesten, immer vielzuviel mit, vielleicht auch ein Zwang, mittels vertraut gewordener Gegenstände häusliche Verhältnisse an einem anderen, fremden Ort nachstellen zu wollen, ich meine ich quäle mich bei Antritt auch der kürzesten Reise mit einer Unzahl von Koffern und Taschen ab, und ich frage mich dabei immer, wozu es geschieht. Später, beim Auspacken an dem anderen Ort scheint mir alles vollkommen überflüssig, ich lagere die Kofferinhalte im einzigen Schrank des Hotelzimmers meist übereinander geschichtet ab, schon wird wieder alles zu eng, alles wird immer zu eng, alles wird mir immer zu eng und zu klein, der Schrank im Hotelzimmer, zu wenige Kleiderhaken vorhanden, der Tisch im Hotelzimmer, mit unnötigen Gegenständen, die dem Gast dienlich sein sollen, belegt, und welche ich immer sofort wegfege in alle Ecken des Raums, auf den Fußboden, usw., aber ich kehre zu meiner Frage, was ich mir alles mitzunehmen

versuchen werde, wenn es ans Ende geht, zurück. Ich meine die letzte Reise, die endgültig letzte Reise, Ausspähung, gewagteste Expedition, und ich weiß nicht, ob es sich um eine kürzere oder längere Reise handeln wird, das wissen wir alle nicht, und es erschwert die Vorbereitungen nicht wahr, ich meine, was für Bücher, Gerätschaften, Andenken werde ich mir in dieses Kämmerchen mitnehmen wollen, es wird wenig Raum sein, weniger als hier zu Lebzeiten in meiner Arbeitsstube zum Beispiel, was, so frage ich mich, werde ich tatsächlich mitnehmen können, in meinen beiden Händen, Rock- und Brusttaschen, da läßt sich verhältnismäßig wenig verstauen, auch werde ich vermutlich kaum für mich selber Platz finden, aber das war ja immer schon so, ich habe für mich selber immer zu wenig Platz gehabt, mein ganzes Leben hindurch habe ich geträumt davon, in weiten und hohen Räumen wohnen und arbeiten zu können, stattdessen habe ich von der winzigen Elternwohnung in meinem sechsundzwanzigsten Jahr in eine noch beengtere Erwachsenenwohnung gewechselt, in die ich mir dann auch noch einen Konzertflügel habe hineinstellen lassen, man muß sich das vorstellen, ein Konzertflügel in einem Arbeitszimmer!, der fast die Hälfte des Raumes in Anspruch nimmt, aber ich hatte eben für meine Pietätsgefühle zu zahlen, usw., ohne daß ich auf diesem Konzertflügel hätte spielen können und wollen, einfach so, aus Pietät, denn ich hätte mich ja nie von diesem Konzertflügel meiner Kindheitsjahre trennen wollen, ich hatte in der Elternwohnung als halbes Kind meine ersten Gedichte darauf gekritzelt also das Instrument als Schreibpult verwendet, vorher und nachher auch ein paar Klavierstunden dort abgesessen, ohne Musikverständnis und -liebe, lauter GEGENSTANDSWESEN, Dalí, also aus Pietäts- oder nostalgischen Gründen hatte ich mich nun eben hier einzuschränken, oder aus Pietäts- und nostalgischen Gründen hatte ich jetzt dafür zu zahlen und mein weiteres Leben lang. Aber wie das zweifache und übergangslos wirkende Faktum der Beengtheit meiner beiden Wohnstätten nicht ohne Beeinträchtigung meines Wachstums geblieben ist, sieht man daran, daß ich mich auch später immer klein gehalten habe, ich meine ich habe mich klein verhalten, wie immer man das verstehen mag, mein Leben ging nichtsdestoweniger weiter, immer in kleinsten Perspektiven, immerzu mit dem Rücken gegen die Fahrtrichtung, daß ich im Falle eines Zusammenstoßes geschützter sei, von Zeit zu Zeit suchte man mich in meinem Versteck auf, klassische Kategorien oder was, die Unterwürfigkeit bin ich selbst, *ich bin die Unterwürfigkeit selbst*, ich bin womöglich ein kleiner unterwürfiger Mensch, was weiß ich, ganz gewiß aber ein ruheloser Herumtreiber, Kalfaktor und Streuner, und ich greife mir an den Kopf (Hirnschale) aus Verzweiflung, am Morgen, oder ich stütze meine Stirn in die Hände, *in meinen jüngsten Schriften hätte ich mich in unmittelbare Nähe der Tiefenpsychologie begeben*, sagt Rosi, sie muß es ja schließlich wissen, die Pyramide an meiner Stirn!, sagt sie, sie sieht eine Pyramide an meiner Stirn, wenn sie sich meinen Kopf vorstellt, sie will es auch einmal malen, sagt sie, den Regen mißachtend, liefen wir durch die Straßen, die Scheiben wahrhaftig

wie Tränenwangen, dazwischen Sonne und immer zwischen Denken und Fühlen, dann mehren sich wieder die Tropfen .. (ihr, Rosis, wet-look, in allen Pastellfarben!), ich wünsche mir ein langes Leben, die Schätze fliegen mir nur so zu, also täusche ich schon den Winterpelz vor, ich habe mir schon etwas wie einen Winterpelz eingehandelt, jahreszeitlich bedingt vermutlich, ich stoße Pelzhaare ab.
Ich habe meine Richtung geändert, mit ein paar Tauchbewegungen (die Beine angezogen und wieder gestreckt) hatte ich mich in den Tiefschlaf manövriert, als ob ich mich auf diese Weise in mein eigenes trostvolles Innerstes zurückziehen könnte : Mutterschoß. Ich tauchte da abwärts, immer tiefer fast bis zum Mittelpunkt der Erde, oder welche Richtung sollte ich sonst anpeilen?
Was würde ich da wohl vorfinden? Meine Tage rinnen dahin. Auch zwang ich mich oft während der Nacht, wenn ich plötzlich erwacht war, die Augen weit aufzureißen, um in der Dunkelheit sehen zu können, was mir immer mißlang. Erst allmählich traten Umrisse hervor, ich hatte während des Tages, während der Arbeit, oft die Sehnsucht, nach diesem Wiedereintauchen in meinem Bett, nachts, ich versprach mir so viel davon, an Wiederherstellung, neuer Beglückung, tröstlicher Forschung –
Wetterfahne am Schornstein von gegenüber, *der Wind als Genius* bläst ins Gesims, oder die Musikanten, Jäger, Fledermäuse und Kinder, ich fühle mich oft als Person außerhalb der Grenzen (Löwenzahn?), das ist mir einleuchtend geworden : man erkannte mich zum Beispiel in einer Gesellschaft *immer nur*

*mit dir zusammen*, kam ich einmal allein, wurde ich angestarrt und konnte von den Stirnen der Anwesenden die Frage ablesen, ob ich es wirklich sei, ich meine, sie zeigten eine Art Betroffenheit, als wären sie gerade dahintergekommen, daß irgendein wesentliches Erkennungszeichen meiner Person abhanden gekommen sein müsse, usw., aber ich schäme mich nicht mehr vor mir selbst. – Ich würde groß dabei und schwebte in die unvorstellbarsten Höhen wie der emporgehobene Zeisig auf den legendären Schwingen des Adlers, die anliegende Seele des Leibes, aus dem Stegreif ein Wolkenstreif, wie aber soll einer eine Blume sein, sich in eine Blume, ein Blumenwesen verwandeln können, um dir begegnen zu können und all dies, Stellvertreter (verstaubte) sind wir, auch meine Briefe sind vielleicht zu viel, aber das einzige das ich dir zur Zeit geben kann, ich schicke dir den weißen Löwen aus Venedig, steinernes Staunen, zum Ausgleich, das sieht mir nicht ähnlich, ich in meinem verrotteten *Schreiberhäuschen*, grün umwuchert Septemberstimmung, nein, es ist niemand da, ich bin wieder allein, das ist mir auch lieber, ich bin es gewohnt, mich mit wenigem zu begnügen, dieser ewige Sturm daß die Sonne –
ich meine, alle die uns liebend zerreißen wollen, zum Andenken ein Stück aus unserer Natur herausreißen wollen, uns irgendwo an einem Zipfel oder Grashalm unserer Inbrunst zu fassen kriegen wollen, gehen im Grunde leer aus. Müssen es, weil wir, die Schreibenden, *es einfach nicht mehr können*, es nicht mehr zuwege bringen! : *wir können es nicht mehr* : wir können es nicht mehr leisten, wir können uns nicht

deckungsgleich machen, oder so stellen, und uns mit so Vielen und Vielem verbinden, vereinigen (Gipfelrausch), dies alles geschieht in einer entlegenen Vergangenheit, ich lehne mich an einen Baum, die Schreie und Schüsse zwischen den Menschen, das Gebirge bei Puschkin, etc., ich spiele ja viele Rollen, oft spiele ich mir selbst eine Rolle vor, ein Brennesselgefühl in den Füßen, Übernarziß, was für ein wundervoll schmelzender Vogelruf plötzlich von der Straße her, Affinität zu Alpenglühen –
konnte nie inwendig bleiben, mich inwendig mit etwas beschäftigen vor Anderen, also mich konzentrieren vor Anderen, selbst Freunde verhinderten das, hinderten mich daran, darum befinde ich mich stets in einem Zustand meines Äußeren, sobald ich mit der Welt in Berührung komme, *so traut man mir auch nichts Inneres zu*, trotzdem halte ich es mir zugute, daß ich es wieder und wieder versuche, daß ich es wieder und wieder betreibe : mich an den Schreibtisch zu stehlen, auf Zehenspitzen, heimliche Freveltat? Ich versuche jetzt ganz gelassen zu schreiben, so daß die Atemlosigkeit nicht aufkommen kann, ich meine Satie ist am ehesten mit Rousseau (dem Zöllner) vergleichbar, aber ich komme noch darauf zurück, jeden Morgen, an meinem Schreibtisch, an meinem Guckfenster, *mühe ich mich nach etwas auszuspähen, um dem Bedeutungszwang der Sprache entkommen zu können!*, denn die Worte dürfen nicht als Gerätschaften (Gebrauchsgegenstände) mißbraucht werden, sie bluten ja ständig, sei gegrüßt und gerettet, sondern als bevorzugte Fetische, nicht wahr, wenngleich ich zur Zeit einer scheinbaren Bedeu-

tungsorientiertheit unterworfen bin, aber wenn ich gerade nicht meiner Schreibarbeit nachgehe, bin ich der gewöhnlichste und nüchternste Mensch, was soll denn dieses pausenlose Worteaufschreiben, sage ich dann zu mir selbst, um sie auf die Konsole zu stellen, wo sie unvermeidlicherweise verrotten, wenn man sie nicht nach kurzer Zeit wieder herunterholt und verwendet, gebraucht, ich sammle soviel zusammen, sage ich dann zu mir selbst, ich kann das alles gar nicht mehr verwenden für meine Schreibarbeit, wozu also dieses pausenlose Zusammenscharren und -kratzen und -tragen, wozu das alles? törichte Gesten, Senilitäten vermutlich, das ewige Hamstern und Stopfen, Raffen und Sammeln, ich kann das alles gar nicht mehr überblicken, sage ich dann zu mir selbst, so viel Zettelzeug, Papierzwang, bis mich die Kräfte verlassen, ja, bis mich alle meine Bewußtseinskräfte verlassen haben, dazu noch die zahlreiche Post, die gewissenhaft gelesen, beantwortet und ausgewertet werden soll, ich meine jeden Tag diese massenhaft einlangenden Briefe, mit den erlauchten Briefstellen, *diese Uhren in meinem Leib*, wenn ich durch den Wald gehe, *Hostien oder ans Moor*, oder wenn ich auf einen freien Felsen steige, vielleicht ins leuchtende Gebirge, aber ich lebe nur gerne in meinem Unterschlupf und der Himmel ist ein Geschenk. In diesem Unterschlupf herrschen auch immer die mir angenehmsten Temperaturen, ich meine ich empfinde Kälte und Hitze quälender an anderen, fremden Orten, also wenn ich meinen Unterschlupf verlasse, ist es mir immer zu kalt oder zu heiß, ich weiß nicht woran das liegen mag, irgendetwas, das Elsternpaar

oder was man einfach so aufsagen kann, ich weiß nicht vielleicht habe ich alles falsch gemacht : in den letzten Jahren wenden sich alte Freunde von mir ab, ich kann es nicht ergründen, man muß es so ertragen, *aber ich bin mit meiner Schreibarbeit ausstaffiert, unterfüttert, geschützt*, oder was gibt es noch für Angleichungen?
Ich komme zurück auf *diese Uhren in meinem Leib* : auch wenn ich es überhaupt nicht beabsichtigt habe, komme ich überall auf die Minute genau an, habe ich ein Uhrwerk in meiner Brust?, auf einem Zifferblatt zwei aus einem einzigen Stamm ragende Baumhälften geben den großen und kleinen Zeiger ab, die Baumuhr zeigt fünf Minuten vor zwölf – unbelaubt, dürr, spielt sie auf diesen allerorts lautwerdenden Hilferuf RETTET DIE BÄUME an, usw., daneben in Sprayschrift KALT IN MIR –
im Grunde immer nur SATIE, immer die gleiche Platte seiner Klavierstücke, darin hatte sich zurzeit mein in früheren Jahren in alle Richtungen ausgreifendes Musikverlangen erschöpft, auf diese einzige Satieplatte, die ich beinahe pausenlos spielte, hatte sich mein Musikverlangen und mein Musikverständnis und meine Musikliebe zuguterletzt zurückgezogen, es hatte schon früher einmal eine derartig ausschließliche Zeit des Musikverlangens in eine einzige Richtung gegeben, es war die Zeit, als ich pausenlos Keith Jarrett spielte, ich hatte damals, in Erwartung einer bestimmten Person, zehn oder zwölf Keith-Jarrett-Platten zur Verfügung, die ich pausenlos spielte, das ging so durch mehrere Wochen, ich wagte nicht, das Haus zu verlassen, ich durchquerte das Zimmer von

einem Ende zum anderen, blickte in grimmiger Zuversicht in Abständen von Minuten zur Wanduhr, aber er kam nicht, es war eine qualvolle Zeit, meine Hände und Füße kribbelten, eigentlich wollte ich damals mein Leben beenden aber die Feigheit obsiegte.

Um auf SATIE zurückzukommen, manchmal hat es den Anschein, als ob die ganze Musikgeschichte sich auf Satie zurückgezogen hätte, oder sich dort versammelt, zusammengesammelt hätte, auch zusammengezogen : *als wäre die ganze Musik auf Satie zusammengeschrumpft* –

überhaupt scheint alles zu schrumpfen auch in anderen Lebensbereichen nicht wahr, ich meine die Spitzen scheinen beseitigt, eine Egalität der Umstände, Auffassungen, Anhaltspunkte, Beziehungen angebrochen, also alles so gleichmütig, Totenkopfkissen, kaltblütige Sterilität .. oder Dinge die es nicht wert sind, getan zu werden ..

(Männer zum Schneefegen), Stella sagt, die Kluft zwischen Wissenden und Unwissenden wird immer spürbarer, Stella sagt, es herrscht jetzt die verkehrte Welt, was die inneren Notwendigkeiten des Lebens angeht, wir haben alle zu viele Herren gehabt und sind nun ganz wirr im Kopf, usw., ich sah dort auf dem Lande, als ich sie wieder besuchte, die frisch gewaschenen, tropfenden, zum Trocknen im Park des Rathauses der Kleinstadt aufgehängten Landesfahnen, dann habe ich eine Schleife aus dem tiefblauen Himmel gemacht, daß du es sehen kannst über Arizona oder wo du gerade bist (Phoenix) .. bist du irgendwo aufgehoben oder gänzlich versteckt in den großen Städten wie roter Blutfleck (Tunesien) in meinem Zimmer, das Giftbild in allen Farben, Gerüchen, die dunklen weil feuchten Ballen- und Zehenabdrücke des Wolfes im Treppenhaus, ich glaube ich fliege jeden Moment über die Dächer hinweg, und andere *Geisteswahrheiten*, wir jagen der Mutter nach. Freilich bin ich oft nur mit meinen äußeren Hüllen anwesend, die Gedanken anderswo : die Gedanken an einem anderen Ort, oder in einer anderen Zeit, was bedeutet, daß ich nicht immer wirklich anwesend bin, wenn mir jemand begegnet, auch ist mir die passive Anpassung immer besser angestanden als die aktive, die war mir meist zu mühsam, so ließ ich zuweilen alles laufen wie es lief, oder wie es auf mich kam, wenngleich innerlich wütend und fluchend, wenn es mich allzu sperrig anging, ein Tumult oder was, ich lege mich jetzt häufiger, auch tagsüber, zur Ruhe, suche in mir jene Stellen, wo ich ohne Gedanken sein kann, wo ich mehrere Stunden mich in das vollkommene Vergessen hineinbegeben kann, bis zum anbrechenden neuen Morgen, da Gewissen und Bewußtsein wieder die Oberhand gewinnen. Ich habe mich selbst disqualifiziert, mein ganzes Leben ist triebhaft gesteuert gewesen, nämlich *familienmäßig*. Ich denke jetzt öfter an FEDOR / VATER, ich erinnere mich dann an bestimmte Lieblingsaussprüche, die er in ganz gewissen Situationen regelmäßig von sich gab, zum Beispiel an seinen Ausspruch DER MAGEN BOXT ZURÜCK, sobald ihm, nach reichlicher Mahlzeit, seine Verdauungsorgane zu schaffen machten.

Männer zum Schneefegen : »das uralte Gekratze der Spaten auf den Bürgersteigen« (Claude Simon), dies

und das Hämmern der Pflasterer : auf EINEM gepolsterten Knie in der Straße sich niederlassend wie zum Gebet, im Sommergefunkel des Morgens – waren die so geliebten vertrauten Kennzeichen für Stella, daß es wieder Sommer, daß es wieder Winter geworden war, nämlich vom Bett aus, das konnte sie hören, das konnte sie sich vorstellen, das konnte sie träumen, miteinander verknüpfen, in ihren Gedankenzusammenhängen berühren . .
lauter Gegenstandswesen (Dalí), aufgerauhtes WOLLGEFÜHL, bei Sonnenuntergang, in der Nacht, ich möchte gerne noch allerlei schreiben, aber es fällt mir schwer alles zusammenzufassen, meine Tage rinnen dahin . .

die veränderte Stellung von Stühlen, Klavieren, Werktischen, Schreibpulten, *ich ströme fort*, so daß die mich umgebenden Gegenstände sich als meine schlimmsten Widersacher entpuppen, gleichzeitig die Grundstruktur meines Wesens veranschaulichen, widerspiegeln, erklären, nämlich wie meine Existenz sich von einer Stunde zur anderen verändert bis zur Unkenntlichkeit, jetzt ist es mir gleich, was ich anhabe, diese Kiste mit Äpfeln aus H.'s Apfelgarten, die H. mir zukommen ließ, steht jetzt hinter der Tür und im Weg, sie steht tatsächlich im Weg, wenn ich während des Arbeitens auf und ab gehen will, sie steht als Ärgernis in meinem Weg, ich habe keinen Namen dafür, ich habe immer davon geträumt, in hohen und weiten Räumen leben und arbeiten zu können, stattdessen habe ich von der winzigen Elternwohnung in meinem sechsundzwanzigsten Jahr in eine noch beengtere Erwachsenenwohnung gewechselt, in welche ich dann auch noch den Konzertflügel mit übersiedelt habe, auf dem ich als Kind ein paar Jahre lang gespielt hatte, von Zeit zu Zeit sucht man mich in meinem Versteck auf, man bewundert den Museumscharakter meiner Behausung, aber niemand kommt mir zu Hilfe, jetzt ist es gleich, was ich anhabe, ich bin einer gewissen Verwahrlosung ausgesetzt, ich wurde groß dabei trotz dieser schrecklichen Enge und schwebte in unvorstellbare Höhen wie der Zeisig auf den Schwingen des wirklichen Adlers, ich habe zahlreiche Lebensphasen durchhastet, ich habe jeden Morgen die Sehnsucht, mein Leben nochmals beginnen zu können, ich bin auch ein uferloser Mensch, *manchmal halte ich mich für dich*, schrieb mir ein Freund diesertage, und ich schrieb zurück, daß du dich manchmal für mich hältst, ist mir ein vertrauter Gedanke, ich halte mich auch manchmal für jemand anderen, ja im Grunde halte ich mich fast immer für jemand anderen, eigentlich für jeden anderen, oder für alle anderen, weil ich gut in alle übrigen Leute hineinzuschlüpfen vermag : so daß ich überhaupt nicht mehr in mir selber sein kann, ich meine die Zeiten, in welchen ich in mir selbst ruhen kann, werden immer seltener, und das ist dann eine schmerzliche Zersplitterung, die mir unaufhörlich die Tränen hervorpreßt, die mich einer zerstörenden Ruhelosigkeit, Ausbrüchen von Verzweiflung anheimfallen läßt, auch Wutgeheul, und die mich in zerrüttende Abgründe stößt, *ich verweigere mich mir selbst*, das ist ein provozierender Ausspruch, aber alles bleicht ja immer mehr aus, gewisse Ausläufer dieser meiner Existenz scheinen immer mehr auszubleichen, ich meine auszutreiben wie Kellergewächse, Krokusse, usw., das bleicht dann alles so aus, was man früher gekannt und gekonnt hat, sein Eigen genannt hat, die fremden Sprachen, die man einmal beherrscht hat, ja selbst die eigene Sprache, beinahe alle Erinnerungen, die man einmal besessen hat, dieses zusammengesammelte angesammelte also im eigenen Kopf versammelte (aufgestapelte) Wissen von einst, so daß es eines Tages dazu kommt, überhaupt ohne Vergangenheit leben zu müssen, also vollkommen ohne eigene Geschichte und Vorgeschichte, jeweils nur zu

dieser einen gegenwärtigen Stunde, an diesem einen gegenwärtigen Tag, ohne Gestern und Morgen, ohne Rückkehr und Stütze des Einmalsogewesenseins, des Einmalbesessenhabens, in vergleichbarer Weise ist mir eben auch nur die gegenwärtige Arbeit bewußt, was ich in den vergangenen Jahrzehnten aufgeschrieben habe, kann ich meinem Bewußtsein kaum eingliedern, ich meine ich habe auch keinen Überblick, immer ist mir nur die Arbeit, in die ich mich gerade vertiefe, gegenwärtig, meist kann ich mich nur mit der Arbeit, mit der ich mich gerade beschäftige, identifizieren, was ich früher geschrieben habe, gleitet mir aus dem Bewußtsein, ich finde mich auch nur schwach darin wieder, ich erinnere mich kaum meiner selbst darin, wenn ich mit Rosi darüber spreche, ruft sie gleich triumphierend, da kündige sich etwas wie eine Metamorphose an, DA KÜNDIGT SICH ETWAS NEUES AN BEI DIR, undsofort. Ein pausenloser Phönix nicht wahr, ich mußte augenblicklich an Phoenix denken, deine Stadt, also ein Netz von Beziehungen und Übertragungen – bist du mein Kartograph?
nichts wird bewahrt, aber die Kraftströme gehen weiter, *ich ströme fort*, hinter diesem meinem Eselsfell das leidenschaftliche Trauern, die Nebelwand, das sticht mehr als Dornen!, und weil ich alles immer wieder vergesse, weil mir alles immer wieder verlorengeht, muß ich es immer aufs neue erwerben, M. S. sagte einmal in diesem Zusammenhang, was er besitze also in seinem Bewußtsein bewahre, müsse ich Tag für Tag durch schmerzliche Erfahrung neu erwerben, wie recht er damit gehabt hat, überhaupt hat er mir damals so viel Aufklärung über meine Person gege-

ben, die Berührung mit ihm bewirkte jedesmal einen flammenden Aufruhr in meinem Innern, solche Lebenshöhepunkte .. ich wurde stets von einer heftigen Erregung erfaßt, wenn wir einander begegneten, wenn unsere Blicke sich in einander verfingen, Dorngestrüpp, aber das sieht mir nicht ähnlich (Veilchenufer), ich weiß oft nicht, wo mein Ende, wo mein Anfang ist, auf meine Frage, *was danach komme*, schwieg er zuerst, dann sagte er zögernd, es bedeute die totale Vernichtung unseres Selbst, es gebe keine Erhaltung der eigenen Identität, die Illusion von der Erhaltung der eigenen Identität werde spätestens in dieser Stunde entlarvt, es gehe nicht mehr weiter, es bleibe nichts zurück. *Nichts wird bewahrt*, es geht auch nicht um ein Denken an den Tod, sondern um ein Todesbewußtsein, ich richte mich für ein langes Leben ein, ich wünsche mir ein langes Leben und ich richte mich darauf ein, das muß man mir zugestehen, später in meinem Kopf, er macht ein paar Schritte in meinem Kopf, ich spreche von M. S., später, wenn er die Treppe heraufkommt, fallen Blutstropfen auf die Stufen, ich gedenke seiner mit Wehmut, einmal als er mich verließ, flüsterte er ICH HABE MICH IN DIR WIEDERERKANNT, ein anderes Mal, MAN DÜRFE ÜBER DIE NÄCHSTEN VIERUNDZWANZIG STUNDEN NICHT HINAUSDENKEN, ich habe keinen Namen dafür, aber die *Profanmenschen* die mich umgeben, zwingen mich oft, einen äußersten Lebensstandpunkt zu beziehen, oder was man einfach so aufsagen kann (Diesseitsreise), meine Tränen wie Flammen, mein Blut in meinen Träumen, ich sitze am äußersten Rand eines Astes, niemals bin ich ein Bürger, vielleicht bin ich jetzt an einer Wegscheide angelangt wo alles aufbricht, am Morgen wenn alles vibriert, es ist als ob meine Augen nicht auf die richtige Brennweite eingestellt wären, Risse im Fleisch, das Bett hinter dem Tisch, davor die beiden Fenster (im Visier), diesen meinen ständigen Blicken von hinter dem Tisch her ausgesetzt, wo ich sitze, ins Unferne und Weite starrend, je nachdem, zum Gegenüber der Hausfront oder ins Verschwommene des Gebirgshorizontes, das Bett hinter dem Tisch, also der Tisch vor dem Bett, dort liege ich aufgestützt, lese die halbe Nacht, die Sterne fallen in den Fensterausschnitt, dann das Grauen des Morgens, der neue Tag duldet mich gleichmütig, rechts der dörfliche Kirchturm zieht unter den Wolken hin, oder ich sitze zusammengesunken auf der Bettkante und spähe durch meinen doppelten Auslug auf diese Vogelköpfe (kleine Bubengröße), Vogelträume, eine Stimme von nebenan, die mich ablenkt und stört, diese ist meine liebste Jahreszeit, ich meine, manchmal kann ich dann beim Aufstehen nur weinen, ich möchte dreimal hintereinander November haben, so möglichst ohne Höhepunkte, also der unauffälligste Zeitverlauf, ich bin schon zufrieden nur vergehen mir die Wochen und Monate zu unübersichtlich rasch, das Ende des Jahres droht aus geringer Ferne, was mir provozierend vorkommt, ein sanfter Wind, der der Jahreszeit nicht entspricht, aus Südfrankreich und der mich ein wenig toll macht, so zärtlich und üppig, du bist durch die Zeit von großer Verletzlichkeit, daß ich manchmal denke, wie behutsam müßte man dir begegnen, um dir gerecht zu werden, feine weiße Fäden flogen über den See, an meinen Augen und Armen vorbei in Erwartung des Besonderen, also jünger als jung. Du wirst lächeln, es fällt mir aber nicht schwer, ja ich sehe dich lächeln, wenn ich dich frage, war es in Louisa wo alles geschah, da hinein mischt sich etwas wie ein verworrener Traum von drei blütenweißen unbeweglichen Schwänen in einem nebelig düsteren Vorgarten, ich erinnere mich an den Tag, an die Nacht – draußen färbt sich jetzt der Himmel rosaviolett, der verfallende Mond .. der mit rotem Weinlaub umsponnene Schornstein vor dem Fenster, milde Tage, damals und jetzt, wie ich sie gerne habe, also gestern war ich in dem wärmsten Sonnenschein, ich hielt mich an einer Schilfinsel auf, setzte mich auf einen Holzsteg nahe dem Ufer, betrachtete die während des Spazierengehens aufgelesenen Steine in meiner Hand : da näherte sich plötzlich ein Schwan auf dem See, stieg behäbig aus dem Wasser und bewegte sich auf seinen breiten Füßen auf mich zu, deutete an, daß er gefüttert werden wollte, doch ich hatte nichts bei mir, nur meine Steine, da verließ er mich und schwamm mit leisem Pfeifen davon, gestern nacht ins einzige Auge des Vollmonds geblickt, wie der Vollmond mich *an sich zog und ansog*, ich ziehe nicht mehr die Vorhänge zu bei Nacht, ich öffnete die Augen und erschrak, denn der volle Mond starrte mich an, seine grelle Pupille schmerzhaft gegen die meine gerichtet, so daß ich die Lider schließen mußte, um nicht geblendet zu werden, er ging mir aber nach, und es ging mir lange nach so daß ich unruhig schlief und bald wieder erwachte mit den Worten DUELL DER HOSTIE, ohne zu wissen was es bedeuten solle,

Schützenhilfe der Eselsträger (das drappe Blut?), am Morgen die Föhnwolken blutig langgestreckt, dieser in eine Wolke gehüllte Tagmond, es sind mir Augen dabei aufgegangen, aber meist werde ich in die allgemeine Verschwommenheit mit hineingezogen, daß sich oft gar nichts mehr richtig erkennen läßt, das beschäftigt mich sehr, daß du schreibst, ich würde von Fischen die aufs Trockene geraten sind reden, wenn ich von Poesie rede, etc., wenn ich in einem Buch zu lesen angefangen habe, will ich nicht, daß jemand anderer es zur Hand nimmt und ebenfalls darin zu lesen beginnt, das stört den direkten Kontakt zwischen mir und dem Dichter und verhindert, daß etwas in mir zur Wahrheit wird .. Umarmung eines Gutenberg. Dein alter Mantel hier riecht nach Pilzen, vermodert wahrscheinlich, Taubnesseln in meinem Zimmer, inmitten von Plunder bin ich einer gewissen Verwahrlosung ausgesetzt, das Blümchen hockt sich hin in die frische Wiese, also Himmelseingebung nicht wahr, heute so imaginäre Gefühle, da wirbelt, flockt, stäubt und tobt der Kosmos in meiner Hirnschale durcheinander, und gleicht der dörflichen Idylle unter dem Glassturz : schüttelt man das glokkenförmige Gehäuse, besser : stellt man es auf den Kopf, beginnt es über der Ortschaft zu schneien, und alles ist möglich sogar eine Afrikareise. Ich getraue mir nichts mehr zu, außer an einem Tag wie heute, da getraue ich mir plötzlich wieder ALLES zu und wünsche, jeder Herausforderung der Welt sogleich zu begegnen .. so habe ich immer viel zu viel und viel zu eindringlich mit Eindrücken zu tun, die von außen auf mich einstürmen, oder ist es vielmehr so, daß ich

selbst es bin, die sich diese Eindrücke verschafft, ich spreche wohl mehr zu mir selbst als zu dir, am Ende wird es noch so werden, daß ich nicht mehr zwischen dem Außen und Innen unterscheiden kann, aber bedeutet ein Traum das Gegenteil von Wahrheit? Es gibt tausend Arten von Liebe; *ein sogenannter Arm*, wenn ich etwas mit dir unternahm, und es schien alles leichtzufallen, ich fühlte mich getragen von dir, Zaunkönig auf den Schwingen des Adlers, eine wundervolle *Leibesverstärkung* war spürbar, Krücke und Stab, all die Jahre, *aber jetzt habe ich mich mit meiner Schreibarbeit ausstaffiert nämlich gewappnet*, ich darf niemand enttäuschen!, ach wie anstrengend und peinigend, sich unter die Menschen zu begeben, sich unter den Menschen zu bewegen, ich leide unter formalen Denkstörungen, *ein Tumult oder was*, das Gebirge bei Puschkin –
die größte Freiheit genießen wohl die Ungeborenen, zuletzt wird man ausgeschieden, geschieden, tatsächlich existenzlos. Überall jetzt diese Springherzen, diese fallenden Blätter, diese fallenden roten Springherzenblätter, der Qualm über den vielen Gesichtern, der Wind als Genius, backfrischer Tag. Wind und Wolken, ein flammendes Licht auf dem Gartentisch, kleine Pilzberge, diese Uhren in meinem Leib, lauter Gegenstandswesen (Dalí), dann lese ich während des Gehens in meinen Briefblättern, bis der Wind sie auf seinen Schwingen entführt .. das Sprengen von Paaren? .. was ungesagt bleibt und blieb, einmal in einem Gespräch zwischen uns, von dem ich jedes Wort erinnere, sagtest du WENN DU SCHON GEGEN DIE STORY BIST, WIE DU IMMER BETONST, SO MUSST DU

dich notwendigerweise für eine Nichtstory aussprechen, und das Ganze durch Theorie untermauern : sonst geht überhaupt nichts – Nichts niemand, nur eine leichte Trunkenheit, Stella telephoniert mir, ich solle beizeiten Sorge tragen dafür, daß mein gesamter Besitz an Büchern, Bildern und eigenen Schriften in verläßliche Hände gerate, wenn ich fortgehe von hier, dieser Gedanke gefällt mir auf irgendeine masochistische Weise, wenn ich nur an meine Schätze : die Bücher denke, so viele Bücher!, in meinem mir verbleibenden Leben werde ich nie mehr die Zeit finden, auch nur einen Teil davon lesen zu können, Stella telephoniert mir, ich solle beizeiten darangehen, Entscheidungen zu treffen, wer welche Dinge in seine Obhut nehmen könnte, meine Tage rinnen dahin; ich denke da gleich an Laura, Stella, Rosi, die übrigen Freunde, und welche Bürde es ihnen wäre, ich habe Luft in den Knochen, Rosen auf meinen Wangen eigentlich Bakkenknochen, bin schon recht früh auf die sogenannte Herrenmode (Hemden Schuhe Anzüge) ausgewichen besser : verfallen, ich verstehe darunter eine Erkenntnisleistung, aber heute herrscht überall Barbarei – – doch zurück zum Gefühl des Verwaistseins, ich meine ich hatte zu jeder Zeit ein ausgeprägtes Besitzverhältnis zu meinen Büchern und Schriften und Bildern und Andenken und war immerzu beherrscht von dem Gedanken, sie in Sicherheit zu wissen, wenn ich verreiste, brachte ich zum Beispiel überall kleine Hinweiszettel an, wo sich das Kernstück oder die mehreren Kernstücke meiner Arbeit in meiner Wohnung befanden, die Schriften, an welchen ich gerade arbeitete, brachte ich in die Stahlkassette der Bank, ich fürchtete ihre Zerstörung durch Feuer, Wasser, Raub oder Erdbeben während meiner Abwesenheit, ich konnte es mir auch nie ausmalen, mich einmal endgültig von all meinen Schriften und Büchern und Bildern und Andenken trennen zu müssen, sie einfach zurücklassen zu sollen, ich gebrauche jetzt ganz bewußt das Wort VERWAIST. Wer von uns würde das Verwaistsein schlimmer erfahren, meine geliebten Bücher, Schriften, Bilder und Andenken oder ich selbst, und alles geht weiter, immer von neuem muß ich, aus innerem Zwang, Zettel anhäufen, Notizblätter, Bündel von Kritzeleien, unterwegs, in der Straße notiert; während ich irgendwo auf irgendetwas warte; während des Lesens meiner Lieblingsbücher, so daß das eben Exzerpierte sich zum eigenen Einfall verwandelt, aus einer Himmelseingebung, ach herzzerreißende Welt, werdet ihr mich in einem Karren zu Grabe tragen? – *Aber ich lebe ja noch, ich gehöre ja noch dazu!* ich spiegelte mich im Glas eines Ladenfensters, ich möchte wenigstens zeitweise das Gefühl der Angst abstreifen können, *nicht erwünscht zu sein* .. meine Schreibarbeit gedeiht am ehesten bei Regenwetter, am frühen Morgen, bin Kettenraucher geworden, Barkasse, mein tägliches Morgengebet, oder alle Genres durcheinander mischend, eine Art von Gefühlsübersetzung, die ohne spürbare Grenze übergeht in den Traum, ein fremdes Gesicht in der Straße : übersetzt in himmlische Notenschrift, und dergleichen, ich habe diese Erscheinungen nie begriffen, aber sie haben tatsächlich stattgefunden, lauter Nachrufe, lauter Gegenstandswesen (Dalí), meine

Tage rinnen dahin, und ich weiß nicht, wo mein Ende, wo mein Anfang ist, dieser zärtliche Aufruhr in meinem Herzen, wenn ein Brief von dir ankommt, dein jüngster Brief begleitet mich überall hin .. ach wo werden wir einander wiedersehen, unter Wasser bist du ein Heiligenbild, jemand kam an meine Tür und murmelte deinen Namen daß ich erschrak .. vielleicht meint es unsere übersteigerte Vorstellungskraft gut mit uns : indem sie uns Tag für Tag, und oftmals am Tage, was wir fürchten vor Augen führt, nimmt sie das Schlimmste das noch bevorsteht vorweg, und ist uns auf solche Weise hilfreich in der Einübung des kommenden unvermeidbaren Endes.

## *15. das erigierte Zeitalter*

ich träume nicht, ich stehe ich sitze ich laufe, ich liege aufgestützt auf meinem Bett, hinter dem Tisch, ich sagte es schon. Mein Versteck, mein Fluchtort, wenn die Sterne, die Wolken, der Mond im Fensterausschnitt erscheinen, ich beginne zu stammeln, ich beginne wieder zu stammeln, weil ich im Grunde nichts mehr richtig zu fassen kriege, ich meine es bereitet mir Schwierigkeiten, alles zu fassen was rundum geschieht, ich fasse auch nichts mehr auf, man kann es mir so oft erzählen als man will, man kann es mir so oft erklären als man will, ich fasse gar nichts mehr auf, und wenn etwas neu Aufzufassendes sich an meinem Tageshorizont zeigt, schaue ich weg, ja ich schaue weg, das geht mich nichts an. Das ist mir zu mühsam, zu schwierig, ach jetzt wieder mit solchen Dingen, rufe ich dann, jetzt soll ich mich wieder mit solchen Dingen abgeben!, ich bin freundlich und nachbarlich zu allen Leuten und Dingen aber nur solange sie mich in Ruhe lassen, solange sie mir meinen Frieden lassen, so aufgestützt auf meinem Bett, hinter dem Tisch, mit dem Lieblingsbuch, je nachdem bei Mondlicht oder Nachtlampe, ich brauche ja nur an einen schwachen Menschen zu denken, schon erstarke ich, usw. Ich kenne mich selbst nur ungenau, aber ich weiß andererseits auch, was ich von mir zu halten habe : NICHTS, und in den Augenblicken der Gefahr komme ich mir selber niemals zu Hilfe, nein ich lasse mich ganz beschämend im Stich, also bin ich gezwungen, mich in eine angenommene Haltung zu versetzen, eine den anderen abgeschaute Haltung, um überstehen zu können, um mich am Leben erhalten zu können, und obwohl ich mit meinem Körper immer anwesend bin, immer für alle da bin, also immer für alle verantwortlich bin, hätte ich manchmal schon beinahe auf meinen Körper vergessen, der Engel ist eingerüstet, niemals bin ich ein Bürger, wir haben alle immer geschichtsfeindlich gelebt, oder wie Dalí sagt ICH BIN ZUTIEFST APOLITISCH, ich höre dann die Fittiche der Nacht über mir zusammenschlagen sobald ich, mit dem Gesicht nach unten, rechtswangig, mich dem Schlaf überlasse, ich stürze dann Treppen und Abgründe hinab, lange und langsam, tiefes Erschrecken, Panik im Herzen, oder, wenn ich die Flugdroge nehme, wachsen mir Flügel, dann bin ich ganz groß und fliege über Häuser und Berge hinweg, die Giraffe geht über, der Hund ist ein Erbstück etc.

Von Zeit zu Zeit sucht man mich in meinem Versteck auf (oder sollte ich lieber sagen, man suchte mich in meinem Versteck auf, sollte ich lieber von einer zurückliegenden Lebenszeit schreiben?) ich weiß nicht ich träume nicht, kein Wort mehr über Träume –
man sucht mich in meinem Versteck an meinem Fluchtort auf, wo die Flügel der Eingangstür schief hängen, ich meine alle Türen hängen schief in den Angeln, was vielleicht eine optische Täuschung ist, weil ein an der Tür angebrachtes Plakat schief hängt, die ganze Tür scheint schief zu hängen, ich sagte es schon. Vergleichbar dem Vorüberziehen des Kirchturms unter den Wolken, dem Vorüberflitzen der Landschaft im Abteilfenster des Zuges, das ist alles

sehr irritierend und provozierend, ebenso der rote Altpapierkasten im Hausflur, den ich für ein mir auflauerndes Monstrum hielt, als ich in der Dämmerung das Haus betrat mit rotem Cape oder Canapee was weiß ich, DAS MONSTER KOMMT schrien die Kinder, als ich mich in der Straße blicken ließ also ließ ich mich möglichst nicht mehr blicken, gewisse Ausläufer gestalten sich immer bedrohlicher, der beschädigte Phönix, etc., was mich gleich wieder an deine Stadt denken läßt, hinter diesem meinem Eselsfell die leidenschaftliche Trauer, oder ich sitze zusammengesunken vor dem Schreibtisch und betrachte die TRÄNENWANGEN der Fenster, solche Spähfenster, ach göttliche Tage weil am Morgen schon gebadet in Nebellicht, keiner höhnischen Blendung (Winterglück) ausgesetzt .. wenn ich die Eingangstür öffne, riecht es nach Pilzen, bald werde ich diesen Ort verlassen oder mich in die Einsamkeit der Bäume verirren, *ein sogenannter Arm* der mich einholt oder was, meine Tage rinnen dahin, bin ich eigensinnig, besitzgierig?, ich sauge meiner Umwelt das Blut, Rosen auf meinen Wangen, am Leben verzagen?, aber irgendwie muß es weitergehen!, meine Fügsamkeiten sind in Wahrheit ein zurückgehaltenes Wutgeheul, von dem keiner was zu hören bekommen wird, ich habe keinen Namen dafür, ich meine ich habe keinen Namen für die Beziehung die wir zu einander unterhielten, mit offenen Blicken und Blitzen, er hatte Schleusen geöffnet in mir, ich spreche von M. S., und als eine Trennung sich ankündigte, ging er behutsam und zärtlich vor, ich meine er ging dabei mit mir und sich selbst behutsam um, er vollzog diese unsere

Trennung nicht kaltblütig sondern sacht, beinahe möchte man es liebevoll nennen, wenn es nicht ein Widerspruch in sich wäre, er vollzog diese unsere Trennung über die Jahre hin, sie war wohl im Keim immer schon, also vom ersten Augenblick an, vorhanden gewesen und mußte sich nur entwickeln und reif werden, er vollzog diese unsere Trennung über die Jahre hin, bis wir uns von einander gelöst hatten, am längsten hielten die Augen stand Pracht der Augen, wenn ich ihn später inmitten der Freunde zufällig wiedersah, war ich ihm für mehrere Stunden wieder verfallen wie früher, aber es war wie ein Trugbild, Phantomschmerz, ich weiß nicht, es besaß keinen tatsächlichen Hintergrund mehr, trotzdem mußte ich auf der Hut sein, daß ich, *in dieser scheinbaren Hingerissenheit*, nicht etwas an ihn schrieb oder zu ihm sagte, was ich schon am nächsten Morgen bereuen sollte .. alles zurücknehmen, alles ungeschehen machen .. etwas was man verschlingt, um nicht davon verschlungen zu werden, ach unsere Mündlichkeiten (Weltheiland) ..
mit dem Alleinleben wünsche ich mir eine Eigenständigkeit zu bewahren, wenn man die Aufmerksamkeit genügend ausdauernd auf einen verborgenen Schmerz richtet, hört man ihn dann auch tatsächlich brennen und reißen, ziehen und klaffen, so bin ich mein eigenes Scheitern geworden, die Ärmel der Weste einwärts gestülpt, mein stufenweiser Abstieg, Philanthrop bin ich manchmal, aber nur wenn meine Stimmung ins Positive umschlägt, ich meine ich will ja nicht alle Ecken abrunden und -feilen, damit meine Schreibarbeit zugänglicher wird, nein ich buhle nicht

um etwas wie Publikumserfolg – habe ich nicht ohnehin schon allzu viele Zugeständnisse in meinen jüngsten Schriften gemacht – ich will am liebsten alles so fortführen wie es kommt, das sind alles *spastische Sätze* nicht wahr, mit Flecken und Klecksen, unaufhörlich und unfrisiert, Religion zerschneidet immer das Wetter, ich habe am Abend meine Weste verkehrt ausgezogen, das Innere nach außen, jetzt konnte ich mich gehenlassen, oder was hatte ich mir noch alles zu meiner Selbstverteidigung zurechtgelegt : der Text sei verständlich genug, ein gewisser Wildwuchs sollte nicht zugunsten einer größeren Verständlichkeit zurechtgestutzt werden, und natürlich brauche man die Zustimmung von außen zu jeder Zeit, als älterer ebensogut wie als jüngerer Autor, man verkümmere ja förmlich, bleibt der Widerhall aus, usw., Stillosigkeit als Prinzip oder was, eben komme ich aus dem spätherbstlichen Wald solche Fäden zart und haltbar, sind das Material, aus dem die Netze bestehen, in denen ich eine Geborgenheit finde, auch bin ich unversehens zum Linkshänder geworden, ich habe meine angeborene Rechtshändigkeit zugunsten einer vorübergehenden Linkshändigkeit eingetauscht, es scheint zu gewissen Veränderungen vielleicht Lockerungen in meinem Kopf geführt zu haben, das Gehirn geht auf Fingerspitzen, meine Schreibmaschine unter Wasser, das ist der Geist in der rechten Hand, die linke muß erst lernen, ihn zu empfangen. *Ich produziere Eiter ich bin eine starke Frau*, sagt der Arzt, ich ertappe mich, bei den Worten des Arztes etwas wie Stolz zu empfinden, Rosi sagt, Du überlässt dich jetzt deinen Gefühlen die nicht aus dir heraus

KÖNNEN, WEIL DU DIE RECHTE HAND NICHT GEBRAUCHEN KANNST, möglicherweise hat meine durch die Fingerverletzung erzwungene vorübergehende Linkshändigkeit an bestimmte Geisteskräfte in mir appelliert, was mir jetzt zugutezukommen scheint, Rosi versteht es vorzüglich, Etappen meiner eigenen Vergangenheit, an die ich keine Erinnerungen bewahrt habe, mir als verborgene Lebensgeschichten von Leuten, auf die ich irgendwann einmal in meinem Leben gestoßen war, vor Augen zu führen, so daß sich etwas wie ein *punktuelles Wiedererkennen* in mir vollzieht, Rosi fragt mich, ob ich mich an dieses und jenes Ereignis erinnern könne, sie sagt, erinnerst du dich, wir bewarben uns, kaum fünfzehnjährig, um eine Mitgliedschaft in der Grillparzergesellschaft, wir gingen in diesem stets festlich erleuchteten Gebäude bald ein und aus, also wir kamen zweimal die Woche und nahmen an Vorträgen und literarischen Gesprächen teil, auch an Konzerten mit Vertonungen Grillparzerscher Gedichte, aber der Almanach, der Grillparzersche Tagebücher enthielt und der uns als Neujahrsgeschenk der Gesellschaft überreicht wurde, machte wenig Eindruck auf uns, das ging so dahin, rufe ich, ich erinnere mich an unsere gemeinsamen Spaziergänge, auf welchen wir fast ausnahmslos über Literatur und Musik, auch bildende Kunst sprachen, wir redeten viel über die Kunst im allgemeinen und über bildende Kunst und Musik im besonderen, obligates Klavier. Es war so ein Spiel, ich habe keinen Namen dafür, das ging so dahin, in Gottes Ohr, alles gleichzeitig fern und nah, Kindheit und Alter so nah bei einander, als ob gar keine Zeit vergangen wäre dazwischen, Rosi und ich wollten uns jetzt regelmäßig treffen, sie sollte meine Erinnerungen auffrischen, sie sollte mir die Erinnerungen an unsere gemeinsamen Kinder- und Jugendjahre wieder ins Gedächtnis zurückrufen, das war so eine Andacht, ruft Rosi, das war so ein Spiel, wie dann der fremde Kasten plötzlich in deiner Wohnung gestanden ist, ruft Rosi, erinnerst du dich, du bist von einer Reise zurückgekommen und hast diesen fremden Kasten, mit dem du nichts anfangen konntest, vorgefunden .. und das Bett neben dem Wohnzimmertisch, also buchstäblich in die Mitte des Zimmers und an eine Seite des Wohnzimmertisches gerückt, also das Bett in der Mitte des Zimmers und nicht an der Wand wie vorher, *wegen der Wasseradern, die dort während deiner Abwesenheit entdeckt worden waren* nämlich genau dort, wo früher dein Bett war, also mußte es weggerückt werden, erinnerst du dich, du bist von einer Reise zurückgekommen und hast dein Bett an einem ungewohnten Platz vorgefunden ..

diese nur unter innerstem Weh- und Wutgeheul zu ertragenden Lebensqualen lassen aber vielleicht etwas in mir zur Wahrheit werden : manchmal unterhöhlen mich Briefe die ich bekomme, manchmal erscheinen mir die nämlichen Dinge richtig *und* falsch, einmal richtig, gleich danach falsch, was soll man da noch glauben, einmal erscheint mir eine Situation gefährlich, gleich darauf erscheint mir die gleiche Situation vollkommen ungefährlich, manchmal erscheint mir mein Handeln abstoßend und gefühllos, gleich darauf kommt es mir vor, ich hätte ganz normal reagiert, einmal erscheint mir alles als Lüge, gleich darauf als die reinste Wahrheit, was ich schreibe, was ich sage, er fragte mich manchmal, warum ich aufschreiben wollte, was er zu mir sagte, bei Nacht, ich spreche von M. S., es sei nicht von der Art, aufgeschrieben und aufbewahrt zu werden, vielmehr habe es alles an Flüchtigkeit in sich, welche, kaum ausgesprochen, schon wieder der Vergessenheit anheimzufallen habe. Ich wollte es aber nicht zugeben, ich zog mich in ein anderes Zimmer zurück und versuchte aus dem Gedächtnis aufzuschreiben, was er gesprochen hatte, aber ich hatte es nicht genau behalten können, es war nur noch der Schatten seiner Worte, und was immer er sagte, konnte nicht ohne Schwierigkeit fixiert werden, es besaß so viele Verzweigungen, irgendwie löste sich alles auch gleich wieder auf, es war zugleich richtig und falsch, man hätte am ehesten den Widerschein seiner Worte einfangen müssen, er hielt nichts davon, daß man aufschrieb, was er sprach, es gab keine Anwesenheit für ihn, die dem Wort stattgab, alles was er äußerte, sollte seinem Willen nach ins Erscheinungslose münden, wie oft verwechselte ich Tag und Nacht, schlafen und wachen, er wünschte, daß seine Worte verwehten, ohne Spur, ohne Nachwirkung, echolos. Ich weiß nicht, ich weiß nicht wo ich bin, also der unauffälligste Tagesverlauf ich meine Gehapparat. Sonst ist alles gut, alles greift in einander über, aber das sieht mir nicht ähnlich (Veilchenufer), auch solle man das Böse mit dem Guten überwinden, in einer vergangenen Südlichkeit (Traumwort) : aber ich träume nicht mehr, ich sagte es schon, in beinah allen Lebensbereichen stoße ich auf seine Präsenz, ich spreche von M. S., es ist so atemberaubend weil er überall anwesend ist, er scheint in alle Bereiche des Lebens verflochten, ich meine ich kann kaum in einem Buche lesen, ohne an ihn erinnert zu werden, ich spreche mit irgendjemand über irgendetwas und sofort muß ich an ihn denken, irgendeine Örtlichkeit wird in einem Gespräch erwähnt, und schon steht er dahinter, er ist überall heimisch und angesiedelt, alles gemahnt mich an ihn, aber ich werde oft nur kurz angesteckt, dann kann ich alles Belastende wieder abschütteln, dieser ewige Sturm daß die Sonne – oder was gibt es noch für Angleichungen an unsere Alltagsinstanzen, was alles meinen Kopf durchkreuzt, vielleicht habe ich alles nur erfunden, ich plagiiere mich selbst, ich erfinde immer wieder Projekte, Bilder, auch Träume ganz ohne Worte, aber wie quälend, ich kann sie nachträglich nicht in Sprache übertragen, Fleischbank unser tägliches Leben, das ist eine Exekution!, ich bin ein Außenseiter, bin außerhalb der Blüte, *Werner Herzog hat recht*, oft wird tagelang nichts aus dem Schreibtisch herausgeholt. Kunstvolle Ästhetik : Ahornbaum mit Bubikopf in einer Allee, bin ich eine ungebundene Frau?, ich jage über die Zeilen in deinen Briefen, sauge alles begierig ein, es ist ein erstes viel zu rasches Besitzergreifen, später lese ich langsam, genußvoll, wieder und wieder, wo soll man beginnen? Das Pfauenauge ist angekommen, ich habe gelesen, gelesen, gelesen, vieles kommt mir ganz nahe, du bist mir nahe in deinen Briefen, ich setze gleichsam nach jedem Satz von dir einen von mir hinzu, auf Fragen versuche ich in meinem Kopf sofort zu antworten, es mangelt noch an einer Direktverbindung von Kopf zu Kopf, sonst würde an der deinem Bett gegenüberliegenden Wand eine Laufschrift in Lichtbändern erscheinen, die dir augenblicklich offenbart, was ich, in deinen Briefen lesend, gerade denke und spreche, manchmal erschrecke ich über deine Briefe, bekomme es mit der Angst zu tun, ich hätte irgendetwas falsch gemacht und würde bestraft dafür, wie ich ja auf Schritt und Tritt Angst habe, da ist zuweilen eine Sorge, oder ein banger Gedanke ich weiß nicht, Wind in den Haaren, mehrtönig Melodien einer Windharfe, aber festschreiben den Punkt wenigstens an dem man steht und entlanggeht, das Wesentliche ist ja nicht sagbar, eine ewige Wunde nicht wahr. Mein gesteigertes Vorstellungsbewußtsein nimmt Künftiges vorweg, also habe ich alles Bedrohliche der Zukunft täglich mehrmals vor Augen, vielleicht meint es diese Vorwegnahme gut mit uns, vielleicht werden wir so gegen das Allerschlimmste gewappnet, auf das Äußerste eingeübt .. mit mächtigen Kioskwurzeln, ich wunderte mich, in den Asphalt der Straße geschlagen : das Holzhäuschen stand wie eingewurzelt inmitten des Großstadtverkehrs, das backengerougte Gesicht der Verkäuferin wurde von innen durch eine Karbidlampe beleuchtet, *lebensfrech* fiel mir angesichts dieser schwarzledernen grellen Blondine ein, *und konnte plötzlich das Gefühl von Krieg nicht loswerden*, das Gefiepe in den Bäumen, ich trage Schwalbenschuhe, nein, keine Vögel : irgendwelche Baumaschinen, *es geht um das was die Dinge sagen wollen* (Dalí), ich fuhr dann in den Schlaf, ich fuhr in den Schlaf ein, es war ein Tunnel, in der Luft ein kleiner Notizenschreiber (Mond), purpurner Hirte, die Ärmel einwärts gestülpt, er hielt mich am Mantelsaum fest, ich meine als ich diesertage FEDORS Grab besuchte, wurde ich beim Verlassen des Grabes einen Augenblick festgehalten, die Dornen des Rosenbaumes auf FEDORS Grab hielten mich einen Augenblick am Mantelsaum fest und zurück, als wollte er mir zurufen BLEIB NOCH EIN WENIG, wie er es zu Lebzeiten oft getan hatte, als ich es eilig hatte fortzukommen. Er hat seinen Winteranzug an. Im Traum sehe ich ihn in der Erde liegen wie ein Licht unter den Herbstblättern, im Gebüsch, wir tauschen dann Grüße aus, so habe ich ihm kaum Fragen gestellt, aber jetzt, wäre er hier, würde ich ihm eine Menge Fragen stellen, was tun wenn die Sehnsucht bleibt wider alle Erwartung.

## 16. *ein Oblatenfrühling*

»Die aufgeklebten Teile des Farbfotos erscheinen wie gemalt und die gemalten wie geklebt«, Louis Aragon 1930 über Dalís Collagen : so hat mein Leben immer ausgesehen, so mutet mein Schreiben an (obwohl ich stets um einen harten Stil bemüht war), ja, das ist meine Überzeugung, mein Ehrgeiz ist maßlos, also bin ich ein Außenseiter, Kalfaktor, außerhalb der Blüte befindlich, unwissend, geschunden, voll schäbiger Würde .. was noch alles? .. ein Schlafwandler : kommen Sie vom Mond? fragen die Leute. Werde jede Stunde, sogar in den Träumen, ins Extreme gedrängt, bin um Gebetserhörung bemüht, Mirakel : auch wunderbare Begebenheit, Selbsttäuschung, leichter Selbstbetrug, mein Körper erinnert M. S., mit der Flugdroge halte ich jetzt immer öfter auf M. S. zu, oder auf eine seiner Ersetzungspersonen, mit der Flugdroge schnüre ich ihm entgegen, habe mir eine Pfauenfeder gekauft, weil ich träumte, *Laura kam mir als Pfau*, aber vielleicht trauert M. S. ihr jetzt nach, vielleicht empfindet er jetzt etwas wie Wehmut, daß Laura endgültig eigene Wege geht .. eine Amsellänge zu früh, wie kann ich diese Welt erfüllen, Hindernisse auf Schritt und Tritt, ich habe mein Herz wie einen Stein fallen gehört, ich bin dann immer so unentschlossen, wo ist zum Beispiel dieses bezaubernde Buch von Marguerite Duras hingekommen, »Sommer 1980«, überfütterter Strand, das Credo überwältigend (wie war das damals mit meinem Aufenthalt in Ferrara : hatte ich »Sommer 1980« vorher oder nachher gelesen? erinnerte ich mich, wenn ich an diese Küstenlandschaft dachte, an meine Lektüre oder an meine persönlichen Eindrücke dort, vielleicht, überfiel es mich immer wieder, hatte ich mich nicht wirklich in Ferrara aufgehalten, vielleicht hatte nur Marguerite Duras' Buch so eindringlich auf mich gewirkt), es hat sich vermutlich unter die unordentlichen Haufen gestapelter Gegenstände meines Zimmers gemischt, hat sich mir entzogen, ist nicht mehr auffindbar ich weiß nicht, in meiner Behausung herrschen zur Zeit die merkwürdigsten *Vegetationszustände also Borkengesichter* .. handelt es sich vielleicht um die Selbstdarstellung eines klinischen Falles, um minuziöse Zustandsanalysen zwischen Wirklichkeit und Traum (wer hat das gesagt?), jedenfalls habe ich einen äußersten Lebensstandpunkt erreicht, einen extremen Lebensbezirk bezogen, *ich sage Mirakel, leere Augen auch Einheizer in Gefängnissen*, usw., ich nehme ein Ende, also sollen meine Briefe ebenfalls ein Ende nehmen, ich werde überlaufen, irgendwohin, auf irgendjemanden zu ich weiß nicht, vielleicht auf M. S. zu, in die Arme eines seiner Doppelgänger vielleicht. Durch solches Nachtlaufen außer Atem, meine Gedanken flattern dahin und dorthin : wie zwei welke Blätter von Krone zu Krone geweht, zwei welke Blätter flatterten von Baum zu Baum, verfingen sich schließlich in den kahlen Ästen einer Platane, von irgendwoher eine berückende Amselstimme, ist das ein Ausweg ins Paradies? vielleicht bin ich, wie FEDOR es immer war, pausenlos auf der Suche nach paradiesischen Zuständen, vielleicht möchte ich manchmal nichts als eine Kindheitsidylle heraufbe-

schwören und nachvollziehen, BEDENKE DIE HAINE, DAS GEHEIMNIS DER HAINE, ruft Rosi, vielleicht habe ich mich zu verlieren. Mit den Augen nach innen schauen, den inneren mit dem äußeren Dialog zu verknüpfen suchen, so jagen die Bilder in meinem Kopf, aber ich kann sie nicht festhalten, es ist ein Phänomen, es ist eine Freveltat, ich plagiiere mich selbst, meine Stimmung schlägt um, mein Drang, in fremden Gesichtern Ähnlichkeiten mit mir bekannten Personen entdecken zu wollen, zu müssen, hat mich wieder eingeholt, es ist wie eine Krankheit, ja es ist womöglich ein krankhafter Zustand, ich sehe in der Straße in beinahe jedem fremden Gesicht Spuren von mir vertrauten Zügen, die seltsamsten Mischungen stellen sich her, das heißt ich leide wahrscheinlich an Prosopagnosie, oder was, teuflischer Hang, auf Schritt und Tritt Ähnlichkeiten mit vertrauten Gesichtern feststellen zu müssen – eine Seelenblindheit?
Bei Freunden, die man jahre-, jahrzehntelang nicht mehr gesehen hat, erkennt man das einstige Kindergesicht beim Wiedersehen, nein eben nur Bruchteile davon, undeutliche Spuren, am längsten erhält sich das Auge, der Blick, das ist alles kein Zauberkunststück nicht wahr, dann waren wieder zwei Sonnen im Himmel, beim Atemanhalten, Augenschließen dieser Ausbruch von Tränen, *ich meine es kommt vermutlich nur auf die Glücksmomente in unserem Leben an* .. alle Sinne machen mir ihren Rapport, manchmal glaube ich, neue Kräfte regen sich, Haus und Hof und Quittenbaum, dieser ist mein vollstes Entzücken, strahlt mit seinen gelben Monden, mit seinen grün

gebliebenen Blättern, mit seinem schwarzen Stamm zum Fenster herein, während überall sonst : *schneewangig* die vergessenen Früchte reglos an den kahlgefegten Bäumen; also mit gekalkten Fußgelenken die Bäume in den spätherbstlichen Wiesen, der Tagmond im Wachsen, im Osten, die blasse Daune, ein Flugzeug am Firmament, den hellen Schweif eines Kondensstreifens hinter sich herziehend, Kometenschleppe?, berührt dann, nach außen hackend, den Mond mit Sichelfuß und -schuh, streicht seine Flanken .. nämlich das Flugzeug das nicht vom Fleck kam, usw., ein paar segelnde Vögel, dunkle Schweifsterne, wo ich meinerseits schweige, oder Kompliziertheit der Quitten, Verletzlichkeit dieser Frucht, wenn sie vom Baum fällt, eine Himmelserscheinung, hält man sie gegen das Licht.
Ich habe Angst vor dem Ende. Vielleicht ist mein Verhältnis zur Welt immer schon parasitär gewesen, »gefrorene Stücke«, »die kalten Stücke«, Satie, laß es wie ein Satiestück enden, sage ich zu mir selbst, heiter, losgelöst vom eigenen Schmerz, wenngleich nicht ohne Wehmut : »gefrorene Stücke«, »die kalten Stücke«, Satie, oder die Ahnungen des Kopfes unter Wasser, was mir gleicherweise Angst und Mut macht .. ich habe Angst vor dem Ende, wie ist es, wenn sich wie jetzt das Ende abzeichnet? – nach all den Unsicherheiten und Unorientiertheiten des Anfangs habe ich jetzt das Bedürfnis, das Ende hinauszuzögern : einerseits, weil von einem bestimmten Punkt an gewiß ist, daß und wie es kommt, andererseits, weil es wie ein Auskosten ist, daß dieses eine Mal noch gut gegangen ist – *aber es kommt auf die Spannweite an!*,

Religion zerschneidet immer das Wetter, ich beginne zu stammeln, beginne wieder zu stammeln, so viel Vergangenheit : ich beginne die Augen zusammenzukneifen, um sie, die Vergangenheit, besser sehen zu können, aus so großer Entfernung!, eine Naturüberlistung!, ich ahme das Atmen des Tigers nach, ich ahme überhaupt alles nach, stelle mir pausenlos eine Verwandlung in Personen, die mich zufällig umgeben, vor, fremde Personen, fühle dann ihre Muskulatur, ihre Steh- und Gehgewohnheiten, ihre Stimmpositionen, ihre Kopfbeweglichkeit, Augenrichtung, Körperverfassung, o ja diese meine eindringlichen Zerstreuungen, wenn ich mich gezwungen fühle, mich von mir selbst in eine Art Kopierhaltung, in eine Menschen und Umstände nachzeichnende Ergebenheitshaltung manövrieren zu lassen, nur, um überleben zu können, um mich noch eine Weile über Wasser halten zu können, die Ärmel der Weste einwärts gestülpt, immer entledigte ich mich der Kleider auf solche Weise, ich zog dann alles umgekehrt wieder an, so daß beim Wiederausziehen der Kleidungsstücke endlich die richtige Seite zum Vorschein kam, ich beginne zu stammeln, ich beginne wieder zu stammeln, zu stottern, wie er, weil auch er, ich spreche von M. S., zu stammeln, zu stottern begonnen hatte, seine Zunge strauchelte über ein Wort, ich glaube es war wie früher, er nahm ein Stück Kandiszucker zwischen die Lippen und stammelte etwas, aber ich konnte es nicht verstehen, an seiner Wimper zuckte ein Sonnenuntergang. Am Waldesrand wie Donaustrand die Hirtenfeuer, M. S. mit jungen Freundinnen wie Häkelnadeln, ich mache Bekanntschaft mit einigen anderen Foltern. Plötzlich wollte ich auf der Maschine ein stenographisches Schnörkel schreiben, mein Gehirn zog sich zu Windungen eines Kürzelsystems zusammen, was mir wie Stottern, Stammeln, Straucheln vorkam, so daß mir kaum jemand folgen konnte, die stenographischen Kürzel taumelten aus meinem Kopf, fielen zu Boden, stießen glucksende Laute aus, wenn ich sage, ich habe nichts erfunden, oder wenn ich sage, ich habe alles nur erfunden, so kommt es vermutlich auf das gleiche heraus, Gehirnzellen als Delphine, das Hirngewächs welkt, oder ich verschmelze manchmal deine Gestalt mit jener von M. S., kleiner enggeflochtener Weidenkorb, unter einem Kirschbaum, war ich das?, ich bin froh, daß ich meine Sprüche bald wieder vergesse, ich sage Mirakel, leere Augen, ein Nelkenfeld, mein Material liegt herum wie in einem Steinbruch : ohne es beabsichtigt zu haben, gerate ich von neuem in die Nähe dieses pastellfarbenen Gartenhäuschens meiner Kindertage, auch Lusthaus genannt, ich trage Schwalbenschuhe, hocke nieder zum Erdbeerbeet, lasse die Früchte auf meiner Zunge zergehen, ein Drittel Frühling, zwei Drittel Sommer in diesem an seinen Blütenwogen ertrinkenden Garten, ich ströme fort .. in meinem Nelkenkleid damals, in meiner Frühzeit, als Stella und ich am Morgen aufbrachen und wir mit einem Schubkarren, den ich selbst fahren durfte, zum nahen Steinbruch gingen, wo wir umherliegende größere Steine einsammelten (um sie zuhause zum Einfrieden der Blumenbeete und zum Ausschmücken des Steingartens zu verwenden), hockte ich immer wieder minutenlang in der warmen Umnischung der konkav ausgebaggerten roten Felswand mit jenen ersten Ahnungen von Weh und Wonne im Herzen, welche nur wenige Jahre danach meine frühesten Schreibversuche einleiten und begleiten sollten .. ich sage Mirakel, Nelkenfeld, Feld von Azur, eine nie vollendete Liebesszene. Tausend Gefühle und deren Gegenteil, die Eintracht der Laube schmeckend, diese verrückten vermischten Sachen, ruft Rosi, *die Rehe murmelten ihre Wege (Glück)*, oder : das Unwiderrufliche nahm seinen Lauf, in der Tropfenform meines Herzens, in der Tautropfenform meines Herzens war alles versammelt, mein Herzschlag erinnert sich : ER ÖFFNETE SEINE BRUST : das Geheimnisvolle, das ganz und gar Intime also Verborgene seiner Handlung machte, daß der Boden unter meinen Füßen nachzugeben schien, daß ich augenblicklich in Flammen stand, dabei kühlten die Hände so aus, aber es wallte mir heiß um die Stirn : das Objekt so nahegerückt. Ich stand in Flammen während alles Blut aus den Händen wich, er gab mir verschiedene Namen, wir aßen Afrika, Madagaskar, die beiden Amerika, früher, in Kindertagen, hatte ich Afrika an meiner Stirn, darüber die dunklen Fransen bis zu den Augen, daß niemand sehen sollte was ich darunter verbarg : Kainszeichen oder was, zwölf Nomaden ich meine Neumonde in einem Jahr, *Glückes genug*.

Das war mein letzter Anfall (was sage ich da?), denn ich weiß nichts mehr von vorher und nachher, es zählt nur, was im Augenblick geschieht, was vorher war und nachher sein wird, zählt nicht; alle Antworten insgesamt wahr und falsch, also Worte und nochmals Worte, unser Leben gleicht einem Delirium, einem grundlosen Wasser nicht wahr, ich habe Lust zu suchen wo die Gesetze der Farben sind, ein Drang zum Vermischen, Vertauschen taucht wieder auf, *mit schaurigen Augen*, wir sind verändert an je einem anderen Ort, wir sind verschiedene Wesen an verschiedenen Orten, gleichen unsere Farben jenen des Ortes an, oder der Ort leiht uns etwas von seiner Farbe, ich meine die Ordensbrust, deshalb kann man sich so leicht an dieses Leben verbluten . .

Alles in Aufbruch und Aufruhr : ich meine in solchen Zeiten hat die Mikrostruktur ihr Recht, ihren Sinn verloren. Ich breche schon auf, ich reiße schon aus, ich laufe schon über, ich mache mich schon bereit abzuspringen, oder wie sonst die Umschreibungen alle heißen mögen ich weiß nicht, die Lage ist außerordentlich. Ich bin so wach, ich bin so überwach, *es hüpft mich über die Erde*, ich bin in Verwandlung begriffen, ich habe mich umgestülpt, mit Ärmeln und Armen und Flügeln : ein neuer Mensch, darüber sollte sich keiner wundern. Aber wichtig ist nur, glücklich zu sein und Leben im Überfluß zu erschaffen, also nicht allein für sich selbst sondern für jeden beliebigen der gerade vorüberflitzt.

Ich habe dich noch ein letztes Mal gesehen, schon ein wenig entfernt, von hinten, sitzend : ein glatter runder schwarzglänzender Schwalbenkopf reglos im blühenden Tamariskengehölz, neben dem Haus. Ich sehe es aus der Ferne, wie Rousseau sie gemalt hat, zischen die schönen blaugrünen Schlangen vor deiner Behausung, die wilden Sonnen, die Schattengarben schweifen über den Himmel : jetzt ist Dezember, da blühen ja noch die Rosen bei dir, da blühen ja noch bei dir in Phoenix die Rosen, ich hoffe ich schwöre es.

Wien, Februar 1984–Jänner 1985

*für Anregungen, die ich durch die Lektüre, durch Briefe oder Gespräche während der Arbeit an diesem Buch empfing, danke ich :*

Hubert Aratym, Linda Christanell, Bernard Collignon, Salvador Dalí, Georg Decristel, Elisabeth Dorfner, Hans Haimerl, Bodo Hell, Ernst Jandl, Lisa Kahn, Renate Kühn, Susanne Ledanff, Heidrun Loeper, Friederike und Mathias Mayer, Samuel Moser, Kurt Neumann, Peter Nim, Peter Pessl, Elisabeth Pfäfflin, Nina Ranalter-Specht, Mario Retti, Hedwig Rohde, Heinz Schafroth, Elfriede Schubert, Erika Tunner, Liesl Ujvary, Peter Weibel, Mia Williams, Lizza Wong, Franz Wurm, und meiner Mutter.

*Kapitelübersicht*



*Das zweite Kapitel ist Rosemarie Egger, das zehnte Kapitel ist Georg Kierdorf-Traut, das fünfzehnte Kapitel ist Siegfried J. Schmidt zugedacht.*

*Die Bücher von Friederike Mayröcker*
*im Suhrkamp Verlag:*

*Das Licht in der Landschaft*
1975

*Fast ein Frühling des Markus M.*
1976

*Heiligenanstalt*
1978

*Ein Lesebuch*
Herausgegeben von Gisela Lindemann
1979. suhrkamp taschenbuch 548

*Ausgewählte Gedichte 1944-1978*
1979

*Die Abschiede*
1980

*Gute Nacht, guten Morgen*
Gedichte 1978-1981
1982

*Magische Blätter*
1983. edition suhrkamp 1202

*Reise durch die Nacht*
1984

*Materialien*
Herausgegeben von S. J. Schmidt
1984. suhrkamp taschenbuch materialien 2034